Prof. Dr. Renate Zimmer

MotorikPlus

Beobachtung motorischer, sensorischer, emotionaler, sozialer
und kognitiver Kompetenzen
von Kindern im Alltag von Kindertageseinrichtungen

Manual

Unter der Mitarbeit von
Carolin Machens

HERDER

FREIBURG · BASEL · WIEN

www.herder.de

Satz: Röser MEDIA GmbH & Co. KG, Karlsruhe
Umschlagkonzeption: Manuela Becher
Herstellung: Medienhaus Plump GmbH, Rheinbreitbach

Gedruckt auf umweltfreundlichem, chlorfrei gebleichtem Papier
Printed in Germany

ISBN 978-3-451-39413-3

Inhaltsverzeichnis

Teil III

Vorwort

MotorikPlus stellt ein systematisches Verfahren zur Beobachtung der motorischen, sensorischen, sozialen, emotionalen und kognitiven Kompetenzen von Kindern bis zum sechsten Lebensjahr dar. Es liegt in einer Version für Kinder unter drei Jahren **(MotorikPlus-U3-Version)** und Kinder über drei Jahren **(MotorikPlus-Ü3-Version)** vor.

MotorikPlus geht von der Körperlichkeit des Kindes aus: Über die Bewegung, über seine Sinne setzt es sich mit seiner dinglichen, räumlichen und sozialen Umwelt auseinander. Sich die Welt zu eigen zu machen, ist eine wichtige Entwicklungsaufgabe des Kindes in den ersten Lebensjahren. Dabei spielen Körper und Sinne eine wesentliche Rolle. Bewegungserfahrungen haben eine übergreifende Bedeutung für Gesundheit und Wohlbefinden, aber auch für den Erwerb kognitiver, emotionaler und sozialer Kompetenzen.

Im Vordergrund der Beobachtung mit **MotorikPlus** stehen die individuellen Kompetenzen des Kindes. Sie zu erkennen, ihre Weiterentwicklung zu unterstützen, zu sehen, welche besonderen Interessen und Bedürfnisse das Kind hat, wo es eine noch intensivere Begleitung benötigt und wo es Herausforderungen schon ganz allein aus eigener Kraft meistert – diese Prozesse sind wichtig, um die Entwicklung des Kindes pädagogisch optimal begleiten zu können.

Vor der Konzeption von **MotorikPlus** gab es bereits einige Vorarbeiten, auf denen die Entwicklung des Beobachtungsverfahrens aufbauen konnte. Dazu gehört insbesondere das Buch „Vom Greifen zum Begre fen – Entwicklungsförderung durch Bewegung" (Zimmer 2011), in dem Beobachtungsskalen für „Psychomotorische Kompetenzen" vorgestellt werden. Auf ihnen baut MotorikPlus auf. Der Untertitel „Psychomotorische Kompetenzen" wurde beibehalten. Diese umfassen motorische und sensorische, aber auch emotionale, soziale und kognitive Kompetenzen eines Kindes. Nicht enthalten ist der Bereich der Sprache da hierzu mit BaSiK (Zimmer 2014, 2019) ein eigenes Instrument entwickelt worden ist.

Bei BaSiK handelt es sich um ein Verfahren zur alltagsintegrierten Sprachentwicklungsbeobachtung in Kindertageseinrichtungen, das Sprachbildung und Beobachtung sowie Dokumentation ineinandergreifen lässt und sowohl qualitativ als auch quantitativ ausgewertet werden kann. Mit seiner prozess- und ressourcenorientierten Ausrichtung fand es eine hohe Akzeptanz in den Kitas, Krippen und in der Tagespflege. In vielen Bundesländern gehört **BaSiK** mittlerweile zu den am häufigsten eingesetzten Verfahren zur Beobachtung und Dokumentation der sprachlichen Kompetenzen von Kindern im Alter von einem bis sechs Jahren.

Die vielfach positiven Erfahrungen mit dem Einsatz von **BaSiK** führten dazu, dass die pädagogischen Fachkräfte häufig den Wunsch nach einem vergleichbaren Instrument für die motorischen Kompetenzen und gegebenenfalls auch für andere Entwicklungsbereiche äußerten. So wurde **MotorikPlus** in den Jahren 2017 bis 2020 entwickelt und erprobt. Die Beobachtungsbögen wurden bei mehr als 500 Kindern aus zehn Bundesländern (Baden-Württemberg, Bayern, Berlin, Brandenburg, Hamburg, Hessen, Niedersachsen, Nordrhein-Westfalen, Rheinland-Pfalz, Schleswig-Holstein) eingesetzt. Über 120 pädagogische Fachkräfte aus mehr als 100 Kindertageseinrichtungen, Krippen und Tagespflegeeinrichtungen waren an der Erprobungsphase beteiligt. Begleitet wurde die Entwicklungsarbeit an **MotorikPlus** von einem intensiven Austausch mit Vertreterinnen und Vertretern der Praxis sowie der Beratung und wissenschaftlichen Expertise von Kolleginnen und Kollegen aus verschiedenen Fachrichtungen.

Auf diese Weise gingen in die vorliegende Fassung zahlreiche Rückmeldungen von Expertinnen und Experten ein, die mit **MotorikPlus** gearbeitet und die Brauchbarkeit des Verfahrens als Instrument zur Beobachtung und Dokumentation in der Praxis erprobt haben. Unter Beteiligung dieser hohen fachlichen Diskussion wurde ein wissenschaftlich fundiertes Beobachtungsverfahren erstellt, das auf einem ganzheitlichen Verständnis von kindlicher Entwicklung basiert.

Bei allen, die an der Entwicklung von **MotorikPlus** mitgewirkt haben, möchte ich mich ganz herzlich bedanken. Ein besonderer Dank gilt den Teams aus den Kindertageseinrichtungen, die sich an der Erprobung von **MotorikPlus** beteiligt haben. Eine Übersicht über die betreffenden Einrichtungen findet sich am Ende dieses Manuals. Ich bedanke mich für die konstruktiven Hinweise, die kritische Durchsicht der Beobachtungsbögen und die vielen hilfreichen Rückmeldungen.

Ebenso danke ich den Mitgliedern unserer Arbeitsgruppen „Sprache und Bewegung" und „Psychomotorik" für die inhaltlichen Diskussionen und Denkanstöße. In der Arbeitsgruppe „Sprache und Bewegung" war der Wunsch entstanden, ein weiteres Instrument für die Beobachtung elementarer Kompetenzen der Kinder zu enwickeln. In der Arbeitsgruppe „Psychomotorik" wurden vor allem im Rahmen unserer gemeinsamen Arbeit mit Kindern viele Anstöße für eine ressourcenorientierte Beobachtung entwickelt. Zu diesen Ideengebern gehören Fiona Martzy, Anna Scherf und Peter Keßel. Carolin Machens danke ich für die Begleitung der Datenerhebung und die statistischen Analysen.

Renate Zimmer

Teil I

1. Einführung in MotorikPlus

Beobachten gehört zum Alltag pädagogischer Fachkräfte im Elementarbereich: So verfolgt die Pädagogin Frau M., wie die dreijährige Klara auf dem Außenspielgelände vorsichtig die Stufen des Klettergerüstes hochsteigt, wie sie sich mit beiden Händen an den Stufen festhält, an der obersten Stufe kurz innehält, langsam auf die Rutsche klettert und herunterrutscht. Dabei hält sie sich mit beiden Händen am Rutschenrand fest – als ob sie bremsen wollte. Unten angekommen, läuft Klara sofort wieder zur Leiter am Klettergerüst und steigt hoch, nun schon viel sicherer, schneller; beim Rutschen berühren ihre Hände den Rand nicht mehr. Das wiederholt sich mehrere Male, immer wieder der gleiche Ablauf. Manchmal wendet Klara den Blick zu Frau M., wenn sie wieder neu zum Klettern ansetzt. Die Pädagogin nickt ihr zu. „Du bist ja schon wieder oben, Klara, das ist ja ganz schön hoch." Frau M. erinnert sich, dass Klara noch vor ein paar Tagen unsicher am Klettergerüst stand, die anderen Kinder beobachtete, aber selbst nicht die Leiter betrat.

Solche Beobachtungen sind wichtig, um individuelle Entwicklungsprozesse bei den Kindern bewusst wahrzunehmen, Veränderungen im Verhalten zu sehen, Ängste nachzuvollziehen und Ansatzpunkte für die pädagogische Begleitung zu erkennen. Allerdings erfolgen Alltagsbeobachtungen meist intuitiv, manchmal ist auch vom Zufall abhängig, welches Kind der pädagogischen Fachkraft bei welcher Tätigkeit auffällt.

Wenn in der Frühpädagogik von Beobachtung gesprochen wird, dann geht es nicht um einen zufälligen und intuitiven Prozess, sondern um ein zielgerichtetes und strukturiertes Verfahren. Meist erfolgt Beobachtung nach bestimmten Kriterien, und in der Regel wird auch schriftlich festgehalten (dokumentiert), was die Pädagogin bzw. der Pädagoge beobachtet hat.

Im Zuge der Professionalisierung der Frühpädagogik haben sich der Stellenwert und auch die Art des Beobachtens erheblich verändert. Beobachtung und Dokumentation der Entwicklungsprozesse der Kinder in Kindertageseinrichtungen sind mittlerweile in allen Bundesländern verpflichtend. So heißt es in den Bildungsgrundsätzen des Landes Nordrhein-Westfalen: „Für die Planung, Durchführung und Gestaltung individueller Lern-, Bildungs- und Entwicklungsprozesse sind das Beobachten und damit einhergehend das Erfassen individueller Voraussetzungen sowie das Einschätzen der Fähigkeiten und Fertigkeiten jedes einzelnen Kindes eine unverzichtbare Grundlage" (Ministerium für Kinder, Familie, Flüchtlinge und Integration des Landes Nordrhein-Westfalen 2016, S. 35).

Alle Bildungs- und Orientierungspläne der Bundesländer weisen auf die Notwendigkeit einer systematischen Beobachtung und Dokumentation der kindlichen Entwicklung hin; sie geben in der Regel jedoch nur wenig Hinweise oder Hilfen, wie diese Aufgabe konkret umgesetzt werden soll. Daher zeigt sich auch in den Kindertageseinrichtungen eine große Heterogenität hinsichtlich der Verfahren, die für die Beobachtung eingesetzt werden. Sie reichen von freien Aufzeichnungen über Lerngeschichten und Portfolios bis hin zur Verwendung strukturierter Beobachtungsverfahren und sogar standardisierter Tests für ganz bestimmte Entwicklungsbereiche.

Mit dem Einsatz eines Beobachtungsverfahrens verbunden ist in der Regel das Bedürfnis der pädagogischen Fachkräfte, einen möglichst umfassenden Überblick über den Entwicklungsstand und über die jeweiligen Kompetenzen eines Kindes zu gewinnen. Dabei geht es sowohl um besondere Interessen und Bedürfnisse, um Fähigkeiten und Stärken der Kinder, aber auch um das Erkennen von Entwicklungsbeeinträchtigungen – mit dem Ziel, die Kinder in ihren Fähigkeiten zu unterstützen und bei Bedarf besondere unterstützende Maßnahmen einzuleiten.

Jedes Kind ist einzigartig; daher müssen auch Beobachtungen den individuellen Interessen und Fähigkeiten der Kinder angepasst werden können. Beobachten heißt zunächst einmal: bewusst wahrnehmen, genau hinsehen, sich dem Kind zuwenden und ihm Aufmerksamkeit schenken. Beobachtung ist dabei immer als wertschätzende Beachtung der kindlichen Aktivitäten und seiner Person zu verstehen – nicht als Prüfung, Bewertung, Einordnung oder Kontrolle. In der Beobachtung liegt auch die Chance zur Kommunikation und Unterstützung, wie das Beispiel von Klara und ihrer Erzieherin (siehe oben) zeigt.

Diese Auffassung von Beobachtung liegt auch der Konzeption von **MotorikPlus** zugrunde. Der Fokus ist dabei auf die motorischen und die sensorischen Kompetenzen eines Kindes gerichtet, zusätzlich werden jedoch auch – dafür steht das „Plus" – soziale, emotionale und kognitive Kompetenzen einbezogen. Die Begründung für dieses Vorgehen liegt in der Auffassung von kindlicher Entwicklung als ganzheitlichem Prozess, in dem die über Wahrnehmung und Bewegung gemachten Erfahrungen die Grundlage der kognitiven Entwicklung darstellen und eng verknüpft sind mit emotionalen und sozialen Prozessen.

Im Vordergrund von **MotorikPlus** steht der individuelle Prozess der Entwicklung der Kinder; es geht weniger um die Einordnung ihrer Leistungen in eine vergleichbare Altersgruppe. Dies ist zwar aufgrund der Norm- und Orientierungswerte, die für eine zusätzliche Auswertung zur Verfügung stehen, möglich, sollte aber eher als zusätzliche – nicht als vordergründige – Möglichkeit der Auswertung der Beobachtungsergebnisse angesehen werden.

MotorikPlus soll dazu beitragen, dass die individuellen Fähigkeiten, Interessen und Stärken der Kinder bewusster beobachtet und wahrgenommen werden – mit dem Ziel, den Kindern möglichst viele Chancen zur Entfaltung ihrer individuellen Potenziale zu geben.

Das vorliegende Manual enthält Hintergrundinformationen zu den theoretischen Grundlagen, auf denen **MotorikPlus** aufbaut, zur prozessbegleitenden Beobachtung der Entwicklung von Kindern, zur Anwendung und Auswertung der Beobachtungen sowie zur Gestaltung eines bewegungsfreudigen pädagogischen Alltags.

Der **erste Teil** des Manuals beschreibt die theoretischen Grundlagen des Beobachtungsverfahrens und geht auf die Methode der Beobachtung ein. Im **zweiten Teil** wird zunächst der Aufbau des Beobachtungsverfahrens vorgestellt. Es folgt die Beschreibung der jeweiligen Skalen unter Einbeziehung der Beobachtungssituationen. Anschließend werden die Durchführung der Beobachtung und Fragen der Auswertung behandelt. Ein weiteres Kapitel umfasst statistische Erläuterungen zu den Gütekriterien, der Stichprobenanalyse und der Normierung des Verfahrens.

Das Besondere an **MotorikPlus** ist das unmittelbare Ineinandergreifen von Beobachtung und Entwicklungsförderung. Diese Verbindung wird im **dritten Teil** des Manuals thematisiert. Er beinhaltet exemplarische Bewegungs- und Spielsituationen, in denen die jeweiligen Kompetenzbereiche besonders gut angesprochen werden können. Die verschiedenen Beispiele sollen einerseits Hinweise für eine bewegungsanregende Gestaltung des pädagogischen Alltags geben, andererseits aber auch noch einmal beschreiben, wie die Bewegungssituationen so gestaltet werden können, dass sie (auch) für die Beobachtung genutzt werden können.

1.1 Zum Verständnis von Bildung und Entwicklung

Beobachten ist immer abhängig vom Bildungsverständnis der Beobachtenden, aber auch vom Verständnis, das sie von Entwicklung haben – und schließlich von ihrem Bild vom Kind. Diese Faktoren wirken sich auf die Haltung der Beobachtenden aus. Deswegen soll kurz darauf eingegangen werden, welches Bildungsverständnis, welcher Entwicklungsbegriff und welches Bild vom Kind der Konzeption von **MotorikPlus** zugrunde liegen.

Entwicklung wird verstanden als ein kontinuierlicher Prozess der Erweiterung der Fähigkeiten und der Fertigkeiten eines Kindes. Dieser ist einerseits abhängig von den genetischen Anlagen, andererseits von den Einflüssen, die von seiner Umwelt ausgehen, und der Art und Weise, wie das Kind sich selbst mit der Umwelt auseinandersetzt. Der letztgenannte Aspekt weist auf das interaktionistische Verständnis von Entwicklung hin: Die Entwicklung wird zwar beeinflusst von den genetischen Anlagen und von der Umwelt, das Kind kann aber auch auf seine Umgebung einwirken, sie deuten und gegebenenfalls verändern.

Entwicklung ist ein offener, dynamischer Prozess, der zusätzlich von einer hohen Variabilität gekennzeichnet ist. Michaelis (2011, S. 137) sieht Entwicklung als eine „adaptive Anwort auf ökologische und soziale Lebensbedingungen durch Erfahrung und Lernen" an. Entwicklungsprozesse verlaufen lebenslang und haben eine hohe individuelle Variabilität. Das bedeutet, dass Unterschiede in den Entwicklungsverläufen ganz normal sind.

Beobachtung wird auch beeinflusst von dem **Menschenbild,** das wir haben, und welches Bild vom Kind unser Handeln leitet. **Das Kind ist ein von Geburt an aktiv lernendes, kompetent handelndes Wesen,** das seine eigene Entwicklung vorantreibt und nach Herausforderungen sucht. Neugierde und Wissensdurst treiben seine Entwicklung an, es lernt aus eigenem Antrieb, benötigt aber auch eine Umwelt, die ihm ausreichend Spielraum und Erfahrungsmöglichkeiten bietet, und Bezugspersonen, die es in seinem Bedürfnis nach forschendem und entdeckendem Lernen unterstützen (Dornes 2015; Haug-Schnabel & Bensel 2017; Zimmer 2020).

Das Kind ist ein soziales Wesen. Es ist auf die Interaktion mit anderen angewiesen und wird in seiner Entwicklung geprägt durch die Qualität seiner sozialen Beziehungen. Kinder entwickeln im täglichen Umgang mit anderen soziale Kompetenzen, die die Voraussetzung für das Leben in einer Gesellschaft bilden. Sie übernehmen zunehmend soziale Verantwortung und lernen, mit Konflikten umzugehen. Positive soziale Erfahrungen tragen zur Entwicklung sozialer Kompetenzen bei. Hierfür sind Kinder auf ein Übungsfeld in einer sozialen Gemeinschaft angewiesen, in dem sie Chancen zum Aufbau von Bindung und Beziehung haben (Fischer 2007; Pfeffer 2017; Zimmer 2020).

Das Kind ist ein Bewegungswesen. Es ist auf Wahrnehmung und Bewegung angewiesen, um sich ein Bild von sich selbst zu machen, sich die Welt anzueignen und sich mit ihr auseinanderzusetzen. Lernen geht von der sinnlichen Erfahrung aus: Die Sinne sind die Antennen, mithilfe derer Informationen aufgenommen und verarbeitet werden. Durch die Sinne nimmt das Kind seine Umwelt wahr und deutet sie.

Für Kinder stellt die sinnliche Wahrnehmung also den Zugang zur Welt dar. Sie ist die Wurzel jeder Erfahrung, durch die Kinder die Welt jeweils für sich wieder neu aufbauen und verstehen können (Fischer 2019; Krus 2004; Zimmer 2011, 2020).

Ein solches **anthropologisch geprägtes Menschenbild** führt zu einem **Erziehungs- und Bildungsverständnis,** das Bewegung als elementare Handlungs- und Ausdrucksform des Kindes ins Zentrum der pädagogischen Arbeit stellt. Gleichzeitig stellt es aber auch Verbindungen mit der körperlich-motorischen Entwicklung und ebenso mit der sprachlichen, sozial-emotionalen und kognitiven Entwicklung her. Es berücksichtigt einerseits die Selbstbildungsprozesse des Kindes, stützt sich aber auch auf die anregende und begleitende Rolle der Gleichaltrigen und der erwachsenen Bezugspersonen, auf eine Umgebung, die dem Kind die Erweiterung seiner Handlungsmöglichkeiten und die Chance für sinnvolles Handeln erlaubt (Zimmer 2020[1]).

1.2 Bedeutung der Motorik für die kindliche Entwicklung

Bewegung gehört zu den elementaren Bedürfnissen und Betätigungsformen im Kindesalter; sie gilt vom ersten Lebenstag an als Motor der kindlichen Entwicklung (Fischer et al. 2016; Voss 2019; Zimmer 2011, 2020).

Für Kinder ist Bewegung zunächst einmal Ausdruck ihrer Lebensfreude, ihrer Vitalität. Sie ist aber auch eine Quelle vielfältiger Erkenntnisse – über sich selbst und über die räumliche, dingliche und soziale Umwelt. Vor allem in den ersten Lebensjahren ist Bewegung ein wichtiges Erfahrungsinstrument, von dem es abhängt, in welcher Weise Kinder Eindrücke aus ihrer Umwelt aufnehmen und verarbeiten.

Das Kind nimmt die Welt vor allem über seine Sinne, seine Tätigkeit, mit seinem Körper wahr. Durch Bewegung tritt das Kind in einen Dialog mit seiner Umwelt ein. Schritt für Schritt ergreift es von ihr Besitz. Mithilfe körperlicher Erfahrungen und Sinneserfahrungen bildet das Kind Begriffe; im Handeln lernt es Ursachen und Wirkungszusammenhänge kennen und begreifen. Das Greifen ist immer auch ein Begreifen, das Fassen ein Erfassen. Das Kind gewinnt zum Beispiel – bevor es sich sprachlich mitteilen kann – bereits ein Wissen über räumliche Beziehungen. Es besitzt dieses Wissen aufgrund seiner Erfahrungen durch Wahrnehmung und Bewegung, in denen sich diese Zusammenhänge erschließen (Zimmer 2019a).

Kinder sind aus entwicklungspsychologischer Sicht immer auf der Suche nach den Gesetzen, wie die Welt funktioniert. Bewegungsaktivitäten liefern hier wichtige Voraussetzungen. Auf dem Roller fahrend die Geschwindigkeit verändern, bremsen und antreten, beschleunigen und plötzlich abspringen – dies ist ein Spiel mit den eigenen Kräften, aber auch mit denen des Rollers, mit dem Untergrund auf Straße oder Weg, mit der Beschleunigung und den Bremskräften ... Das alles ist nicht nur spannend und aufregend, in all dem können Kinder sich selbst und ihre Beziehung zur Welt erleben und sie dabei auch noch verändern: Sie machen Erfahrungen, erleben sich aber zugleich auch als Verursacher der Veränderungen.

Körpererfahrungen – Grundlage der Ich-Entwicklung

Körperliche Fähigkeiten sind für das Kind Mittel und Symbole des „Größerwerdens". An seinen körperlichen Fähigkeiten kann es seine Fortschritte ablesen: Drehen, robben, krabbeln und dabei den Erfahrungsraum schrittweise erweitern, sich an einem Möbelstück hochziehen, die ersten Schritte, der aufrechte Gang – all das sind Zeichen wachsender Selbstständigkeit und Unabhängigkeit vom Erwachsenen.

Im Kleinkindalter äußert sich das Bemühen um Selbstständigkeit am deutlichsten in Bewegungshandlungen: Sich alleine anziehen, ohne fremde Hilfe laufen, auf Mauern klettern – dies sind körperliche Errungenschaften, die dem Kind (und auch seinen Eltern und erwachsenen Bezugspersonen) schrittweise zunehmende Unabhängigkeit beweisen. Der Begriff Selbstständigkeit kommt von „selber stehen können". Die Selbstständigkeitsentwicklung beginnt mit den ersten Versuchen des Kindes, sich aus eigener Kraft fortzubewegen, also mit dem Robben und Krabbeln. Einen Höhepunkt erreicht sie, wenn das Kind die ersten freien Schritte macht, wenn es das Laufen lernt und damit seinen Handlungs- und Erfahrungsspielraum zunehmend erweitert.

Vertrauen in die eigenen Fähigkeiten, das Gefühl der eigenen Kompetenz und des „Selbstwertes" sind gerade in den ersten Lebensjahren geprägt von der Art und Weise, wie das Kind sich in seiner Körperlichkeit erlebt. Über die Erfahrungen, die das

1 **MotorikPlus** baut auf einem Verständnis von Bewegung und Entwicklung auf, das in dem „Handbuch Bewegungserziehung" (Zimmer 2020) und in dem „Handbuch Psychomotorik" (Zimmer 2019b) begründet wird.

Kind mit seinem Körper macht, entwickelt es ein Bild von den eigenen Fähigkeiten, es erhält eine Vorstellung von seinem „Selbst“.

Auch aus der Beobachtung der Wirkung des eigenen Verhaltens kann das Kind Rückschlüsse auf seine Person ziehen. Gerade in Bewegungshandlungen erleben Kinder, dass sie Ursache bestimmter Effekte sind. Im Umgang mit Gegenständen, in Spielsituationen und bei Bewegungsaufgaben rufen sie eine Wirkung hervor und führen diese auf sich selbst zurück. Das Handlungsergebnis verbinden Kinder dann mit dem eigenen Können. Und so entsteht ein erstes Konzept eigener Fähigkeiten. Kinder lernen im Experimentieren und Ausprobieren: Ich bin der Urheber einer Wirkung, ich kann etwas – und dieses Erleben von Selbstwirksamkeit ist die Basis für Selbstvertrauen (Zimmer 2019b).

Bewegung und die Entwicklung des Gehirns
Das Gehirn ist das Zentrum aller Denkprozesse und ebenso die Schaltstelle aller Handlungen. Der Prozess der neuronalen Entwicklung ist zwar von der genetischen Ausstattung abhängig, die Qualität dieser Entwicklung wird aber maßgeblich durch Umweltfaktoren geprägt (Elliot 2002). Das Denken des Kindes ist daher eng an die Erfahrungen geknüpft, die es durch sein Handeln erwirbt.

Bei der Geburt verfügt der Mensch über mehr als 100 Milliarden Nervenzellen (Neuronen), die jedoch erst dann funktionsfähig sind, wenn sie miteinander verknüpft worden sind. Die Aufgabe der Neuronen ist die Speicherung und Verarbeitung von Informationen. Zur Weiterleitung von Informationen sind aber Verbindungen zu anderen Nervenzellen notwendig. Wenn eine Nervenzelle heranreift, bildet sie zahlreiche Fortsätze aus, um Kontakte zu anderen Nervenzellen herzustellen. Die Verbindung zwischen beiden nennt man Synapse. Bilden zwei Neuronen eine Synapse, dann können chemische Stoffe zwischen ihnen hin- und herfließen, die Verbindung ist hergestellt (Spitzer 2002).

In der frühen Kindheit werden durch Sinnestätigkeit und körperliche Aktivität Reize geschaffen, die diese Verknüpfungen unterstützen. Die Verbindungen zwischen den Nervenzellen werden umso komplexer, je mehr Reize durch die Sinnesorgane zum Gehirn gelangen. Die Plastizität des Gehirns, also die vielfältige Vernetzung der Nervenzellen, ist abhängig von der Vielfalt der auf sie einwirkenden Reize in der Kindheit und sollte durch vielseitige Sinnestätigkeiten angeregt werden (Fuchs 2013).

Neurowissenschaftler weisen immer wieder darauf hin, dass die Vernetzung aktivitätsabhängig ist. Jede Berührung, jede Bewegung, jede sinnliche Wahrnehmung wird in elektrische und chemische Aktivität übersetzt, die zur Bildung neuer Verbindungen und damit zu einer Differenzierung des Gehirns beiträgt (Spitzer 2012). Obwohl die Vertreter der Hirnforschung allgemein auf eine kritische Periode hinsichtlich der Plastizität des Gehirns hinweisen und damit auch die Bedeutung der ersten Lebensjahre untermauern, betonen sie jedoch, dass das Gehirn sich ein Leben lang verändert (Singer & Munzert 2004). Die Effizienz der bestehenden Verbindungen hängt von ihrer Benutzungshäufigkeit ab. Das Gehirn baut überschüssige Kontaktstellen vor allem aufgrund von Lernerfahrungen ab, sodass nur die häufig genutzten Verbindungen bestehen bleiben (Pauen & Elsner 2008).

Kognitive Prozesse des Denkens, Erkennens und Erinnerns sind eng mit Wahrnehmungen und Bewegungshandlungen verknüpft. Von Hofsten (2009) betont den Zusammenhang der kognitiven Entwicklung des Kindes mit seiner Motivation, Handlungsprobleme lösen zu wollen und hierfür motorische und sensorische Möglichkeiten zu aktivieren.

Im Kontext der kognitiven Entwicklung zeigen Kubesch, Emrich und Beck (2011) die Bedeutung der exekutiven Funktionen auf. Darunter wird die kognitive Kontrolle von Verhalten und Aufmerksamkeit verstanden. Sie beinhaltet die Impulskontrolle, die wichtig für situationsangemessenes Verhalten ist, die Selbstregulation, die einen angemessenen Umgang mit emotionalen Situationen unterstützt, und die kognitive Flexibilität, die das schnelle Einstellen auf neue Situationen und Anforderungen meint. Kubesch et al. (2011) betonen, dass die exekutiven Funktionen durch körperliche Aktivität und Bewegung positiv beeinflusst werden können.

Wassenberg et al. (2005) fanden bei fünf- und sechsjährigen Kindern einen signifikanten Zusammenhang zwischen einzelnen kognitiven Funktionen (Arbeitsgedächtnis, Sprachfluss, visuell-motorische Integration u.a.) und der Sensomotorik; die Angaben zur Motorik beruhten auf einer Überprüfung des statischen und dynamischen Gleichgewichts (Balancieren), rechts-/linkshändiger Bewegungsmuster und der Kompetenz zum Ballfangen und -werfen.

1.3 Zur Unterscheidung von Motorik und Bewegung

Die Begriffe Motorik und Bewegung werden oft als gleichbedeutend verwendet. Im Rahmen der bewegungswissenschaftlichen Forschung wurde jedoch aufgrund der an der menschlichen Bewegung beteiligten „sichtbaren" bzw. „unsichtbaren" Prozesse folgende Unterscheidung eingeführt: Der Begriff **Motorik** weist auf die Steuerungs- und Funktionsprozesse hin, die den sichtbaren Bewegungsabläufen und der Körperhaltung zugrunde liegen (Bös & Mechling 1992; Bös 2003). Das zentrale Nervensystem kontrolliert die Muskeln und die Gelenke, die die Bewegung ausführen. Jedes Gehen, Springen, Laufen, Werfen benötigt ja nicht nur eine gut entwickelte Muskulatur, einen funktionierenden Bewegungsapparat (Muskeln, Sehnen und Gelenke), sondern auch eine Steuerung und Regulierung, die vom zentralen Nervensystem ausgehen (Willimczik & Roth 1993).

Mit **Bewegung** sind danach die sichtbaren Bewegungshandlungen gemeint, das Klettern, das Laufen. Dabei muss jedoch berücksichtigt werden, dass Bewegung niemals nur eine äußerlich sichtbare Dimension hat, sie ist nicht nur eine Veränderung des Körpers hinsichtlich des Raumes und der Zeit, sondern immer auch mit „innerlichen", psychischen Prozessen verbunden, mit Gefühlen und Denkprozessen, mit Deutungen, die das Kind vornimmt. Der Begriff „Psychomotorik" ist am ehesten geeignet, den komplexen Sachverhalt rund um die Bewegung zu beschreiben. Denn: Genau genommen gibt es keine Bewegung ohne psychische, innere, neurologische Steuerung – es bewegt sich immer der ganze Mensch (Zimmer 2019b).

1.4 Der ganzheitliche Ansatz von MotorikPlus

Das Beobachtungsverfahren **MotorikPlus** berücksichtigt ausdrücklich eine ganzheitliche Sicht auf die Bewegungshandlungen. Dabei werden innere Aspekte ebenso wie äußere Aspekte beachtet. Im Folgenden werden noch einmal kurz die wichtigsten Grundannahmen dieses ganzheitlichen Ansatzes zusammengefasst:

Frühkindliche Bildung geht von der sinnlichen Erfahrung aus. Die Wahrnehmungsfähigkeit der Kinder, die Ausgangspunkt für forschendes Lernen ist, wird zunehmend differenzierter. Aus den über Wahrnehmung und Bewegung gewonnenen Erfahrungen formen Kinder Erwartungen, Theorien und Hypothesen. Sie machen sich Vorstellungen über bestimmte Zusammenhänge, von Ursache und Wirkung und versuchen, diese durch die eigenen Aktivitäten zu überprüfen. Diese Prozesse stellen die Grundlage der **kognitiven Entwicklung** dar (Kuhlenkamp 2017; Zimmer 2020).

Bewegungssituationen beinhalten immer auch psychische Herausforderungen: Kinder lernen, sich einzuschätzen und mit Risiken umzugehen. Sie erleben durch ihre körperlichen Aktivitäten, dass sie selbst imstande sind, etwas zu leisten, ein Werk zu vollbringen. Kinder erfahren in Bewegungshandlungen, dass sie Verursacher bestimmter Effekte sind, dass sie eine Wirkung hervorrufen und diese auf sich selbst zurückführen können. Selbstwirksamkeitserfahrungen bilden die Basis für den Aufbau eines positiven Selbstkonzeptes. Dies ist die Grundlage für die **personale Entwicklung** (Zimmer 2019b).

Bewegungsaktivitäten werden in der Regel zusammen mit anderen Kindern in einer Gruppe ausgeführt. Dabei lernen Kinder, miteinander zu kooperieren; sie machen Erfahrungen des Mit- und des Gegeneinanders; sie lernen, sich durchzusetzen und nachzugeben, Regeln aufzustellen und nach ihnen zu handeln. Dies alles trägt zur Ausbildung sozialer Kompetenzen bei und ist die Grundlage der **sozialen Entwicklung** (Fischer 2007; Pfeffer 2017; Zimmer 2020).

Bewegungsaktivitäten sind stets mit körperlichen Herausforderungen und Anpassungsprozessen verbunden. Sie trainieren die Muskulatur, stärken das Skelettsystem und das Herz-Kreislauf-System. Beim Laufen, Rennen, Klettern und Springen werden Kraft, Ausdauer, Koordination und die Körperwahrnehmung unterstützt. Dies ist die Basis für den Erwerb körperlich-motorischer Leistungsfähigkeit und bildet die Grundlage für eine **gesunde körperliche Entwicklung** (Bös 2003; Graf 2017; Völker 2008).

2. Theoretische Grundlagen

Zentrale Aufgabe aller Bildungsinstitutionen ist es, Kinder in ihren Kompetenzen zu stärken, ihnen vielfältige Chancen zu eröffnen, ihre Potenziale zu erkennen und zu entfalten. Der Kompetenzbegriff setzt an den Lebens- und Alltagserfahrungen der Kinder an: Welche Kompetenzen benötigen sie, um ihre aktuelle, aber auch zukünftige Lebenssituationen zu bewältigen, um zunehmend selbstständiger zu werden, um Vertrauen in die eigene Fähigkeiten aufzubauen, sich in eine Gemeinschaft einzufügen und sozial verantwortlich handeln zu können? (Ministerium für Kinder, Familie, Flüchtlinge und Integration des Landes Nordrhein-Westfalen 2016)

Von Geburt an bilden personale, emotionale und soziale Basiskompetenzen die Grundlage für alle weiteren Lern- und Entwicklungsprozesse. Sie befähigen Kinder, mit anderen zu kommunizieren und zu kooperieren sowie sich mit ihrer räumlichen und dinglichen Umwelt auseinanderzusetzen (Bayerisches Staatsministerium für Arbeit und Sozialordnung, Familie und Frauen & Staatsinstitut für Frühpädagogik 2016). Kompetenzen bedingen sich meist gegenseitig, oft entwickeln sie sich sich in Abhängigkeit voneinander und in der Auseinandersetzung mit konkreten Lerninhalten und Anforderungen. Die Kompetenzen bilden das Fundament, auf dem Bildungsprozesse aufbauen (ebd.).

MotorikPlus führt zu einem kompetenzorientierten Blick auf das Kind: Wo liegen seine Stärken, welche alltäglichen Herausforderungen kann es schon bewältigen, wo benötigt es noch Hilfe und Unterstützung?

Die folgende Aufteilung der verschiedenen Bereiche in motorische Kompetenzen, sensorische Kompetenzen, emotionale, soziale und kognitive Kompetenzen folgt den im ersten Kapitel angeführten Überlegungen zum Verständnis von Bildung und Entwicklung und zum Bild des Kindes als einem von Geburt an aktiv lernenden, kompetent handelnden Wesen.

2.1 Motorische Kompetenzen

Motorische Kompetenzen werden verstanden als die Fähigkeit des Kindes, sich über seinen Körper, über die Bewegung erfolgreich mit seiner Umwelt auseinanderzusetzen (Zimmer 2020). Sie können nach einer Empfehlung von Roth (2014) in drei Gruppen unterteilt werden – in die konditionellen, die koordinativen und die gemischt konditionell-koordinativen Basiskompetenzen. Die Kondition sichert vor allem die Energiebereitstellung bei Bewegungstätigkeiten. Angesprochen sind damit die Kraft und Ausdauerfähigkeit. Die koordinativen Fähigkeiten beziehen sich auf die Steuerung und Regelung von Bewegungen. Zu den gemischt konditionell-koordinativen Fähigkeiten werden die Beweglichkeit und die Schnelligkeit gezählt (Roth & Zimmer 2017).

Diese Kompetenzen sind die Voraussetzung für jede motorische Leistung. Sie reifen nicht von alleine und ohne Zutun heran, sondern entwickeln sich vor allem durch ihre Beanspruchung, indem sie bereits im Kindesalter durch vielfältige Gelegenheiten und Bewegungsmöglichkeiten geübt und herausgefordert werden. Zwar sind der aufrechte Gang und das Laufenlernen weitgehend genetisch vorgegeben, der Grad ihrer Ausformung ist jedoch abhängig von den Gelegenheiten des Kindes, diese Kompetenzen zu üben und die motorischen Fähigkeiten zu erweitern (Winter & Hartmann 2015).

In der frühen Kindheit (den ersten 6 Lebensjahren) spielen vor allem die Koordination, aber auch die Kraft und die Ausdauer eine Rolle für die Entwicklung der motorischen Leistungsfähigkeit. Deswegen werden diese Bereiche im Rahmen von **MotorikPlus** näher betrachtet.

In der Literatur wird in der Regel unterschieden in „Grobmotorik" und als Pendant dazu in „Feinmotorik" (Schwarz 2014; Krombholz 1985; Mayr, Bauer & Krause 2014). Dabei kann der Begriff „Grobmotorik" zu der missverständlichen Annahme führen, dass es hier um eine grob ausgeführte Bewegungshandlung gehe, während die Feinmotorik eher die feiner ausgeführten Bewegungsformen umfasse. Dies ist jedoch nicht der Fall, denn auch Bewegungsformen wie Balancieren und Klettern bedürfen einer fein abgestimmten Steuerung und Präzision, sie sind also keineswegs als „grob" zu bezeichnen.

In **MotorikPlus** wird der Terminus „Grobmotorik" im Sinne der Beteiligung großer Muskelgruppen verwendet. Die Grobmotorik wird differenziert in die Bereiche Koordination, Kraft und Ausdauer.

Die folgende Abbildung gibt eine Übersicht über die Entwicklungsprozesse der Grobmotorik und der Feinmotorik/Handmotorik (Zimmer 2019c). Dabei muss jedoch berücksichtigt werden, dass eine solche Abfolge großen Schwankungen unterworfen ist; individuelle Unterschiede sind ganz normal.

Alter	Entwicklung der Motorik	
	Grobmotorik	**Feinmotorik**
Neugeborene	• Vielzahl von Bewegungen kleiner und großer Muskelgruppen erkennbar • Undifferenziertes Bewegungsmuster: Stoßbewegungen mit den Beinen, rudernde Arme (nicht zielgerichtet) • Zuckungen der Lippen treten auf → erinnert an ein Lächeln • „Automatische Schreitbewegungen" (Reflex); werden die Fußsohlen des Babys berührt, wird das entsprechende Bein gestreckt, während das andere Bein gebeugt wird	• Bei Berührung der Handflächen werden die Finger und der Daumen geschlossen (Affenhand-Griff)
1.–3. Monat	**Bauchlage** • Anheben des Kopfes (die Dauer des Anhebens steigert sich mit den Lebensmonaten) • Manchen Säuglingen ist das Kopfheben aus der Bauch- und Rückenlage möglich • Unterarmstütz durch Streckung der Nacken-, Schulter- und Rückenmuskulatur und Vorbringen der Oberarme möglich; das Becken liegt auf der Unterlage auf • Umdrehen nach allen Seiten	• Hände werden häufig geöffnet • Greifen wird ausprobiert • Das Kind versucht Gegenstände, die ihm in die Hand gelegt werden, in den Mund zu stecken
	Rückenlage • Kräftiges Strampeln mit den Beinen unter Einbezug der Arme • Drehen auf den Bauch	
	Laufen • Schreitbewegungen treten nicht mehr auf; wird versucht, das Kind auf die Beine zu stellen, bleiben die Beine gebeugt	
	Objektwahrnehmung • Fixierung von Objekten, die sich auf Augenhöhe befinden • Blick kann in Richtung von Geräuschquellen gewandt werden	
4.–6. Monat	**Bauchlage** • Schaukeln (Kopf, Brust und Arme werden angehoben und die Beine gleichzeitig ruckartig gestreckt) • Sicheres **Rollen** von der Bauch- in die Rückenlage und umgekehrt (bis zum 6. Monat) • Zeitweises Abstützen auf nur einer Hand möglich; mit der anderen Hand kann ein Gegenstand aufgehoben werden	• Bis zum 5. Monat entwickelt sich eine gezielte Auge-Hand-Koordination • Das Kind verfolgt Spielzeug, das sich auf Augenhöhe befindet, ändert dabei seinen Blick und die Kopfrichtung • Zielgerichtetes Greifen unter Einsatz des Daumens und der ganzen Handfläche (6. Monat) • Fingerfertigkeit noch gering ausgeprägt • Gegenstände können zwischen den beiden Händen ausgetauscht und betastet werden
	Sitzen • Fähigkeit zur Kontrolle der oberen Körperpartien entwickelt sich • Entwicklung des **Körpergleichgewicht**s beginnt mit der sicheren Kopfkontrolle • Freies Sitzen (6. Monat) ist für eine kurze Zeit möglich, hierbei erfolgt die Drehung des Kopfes ohne Gleichgewichtsverlust • Drehung des Oberkörpers zur Seite möglich, um einen Gegenstand aufzuheben	

Alter	Entwicklung der Motorik	
	Grobmotorik	**Feinmotorik**
7.–9. Monat	**Rückenlage** • Das Kind spielt mit seinen Füßen; mit den Beinen wird häufig fest gestrampelt • Aufrichten aus der Rückenlage; hierzu rollt es aus der Rückenlage in die Bauchlage, beugt die Beine und stützt sich mit den Händen ab	• Beidhändiges Greifen • Spielzeug kann ausgeschüttet werden • Scherengriff • Greifen gelingt über die Basis der Finger (Einsatz der Fingerkuppen erfolgt später) • Selbstständiges Essen von Keksen • Steckt Spielzeug ineinander
	Drehen • Aus der Bauchlage ist eine senkrechte Drehung um die eigene Achse möglich	
	Robben • Mithilfe der Unterarme wird der Körper auf einer Unterlage nach vorn gezogen (ohne Beineinsatz)	
	Krabbeln • Gekreuzte Koordination von Armen und Beinen	
	Sitzen • Sicheres und freies Sitzen	
	Stehen • Stehen mit Festhalten • Federn (dem Kind gelingt es, in die Hocke zu gehen und sich durch die Streckung der unteren Extremitäten wieder abzustoßen)	
10.–12. Monat	**Sitzen** • Stabile Sitzhaltung • Umdrehen aus dem Sitzen heraus	• Zangen-Spreizgriff • Pinzettengriff • Spielsachen können von einem Platz zum anderen gelegt werden • Greiftechniken werden differenzierter und feiner • Das Kind baut Turm aus zwei Klötzen
	Kriechen • Schnelles Kriechen beobachtbar	
	Krabbeln • Bis zum 11. Lebensmonat aktive Fortbewegung durch Krabbeln	
	Stehen • Das Kind steht kurzzeitig alleine	
	Laufen • 10. Monat: Gehen vor- und rückwärts mit Unterstützung für einige Schritte • Anheben eines Fußes ohne Gleichgewichtsverlust • Das Kind geht selbstständig seitwärts an Möbeln entlang, geht an den Händen gehalten vorwärts • Zwischen dem 11. und 15. Lebensmonat sind erst freie Schritte erkennbar	
1,5–2 Jahre	**Kriechen** • Das Kind kriecht die Treppen rückwärts herunter	
	Laufen • Freies Gehen gelingt; der Gang ist noch „breitbeinig"	
	Klettern • Aufwärtsklettern beginnt • Höhen von ca. 30 cm können überwunden werden	• Das Kind blättert mehrere Seiten in einem Buch • Greifen, Erfassen und Loslassen voll entwickelt

Alter	Entwicklung der Motorik	
	Grobmotorik	**Feinmotorik**
2 Jahre	**Gehen** • Sicheres, freies Gehen • Beim Auf- und Absteigen auf einer Treppe wird ein Bein nachgezogen • Schnelle Wechsel zwischen Stehen und Sitzen möglich	
2,5 Jahre	**Stehen** • Das Kind steht etwa zwei Sekunden lang auf einem Fuß • Sicheres **Gehen** auf Zehenspitzen • Rennen beginnt zwischen dem 2. und 3. Lebensjahr **Springen** • Beidbeiniges Springen in die Luft • Das Kind kann von niedrigen Höhen herunterspringen **Klettern** • Klettergeschwindigkeit steigert sich • Hüfthohe Hindernisse können überwunden werden **Werfen** • Erste Formen des Werfens, Werfen gelingt mit Einsatz des ganzen Körpers (Rumpf und Beine unterstützen die Armbewegung)	• Gute Hand- und Fingerkoordination • Handhabung von Gegenständen sehr verbessert • Das Kind baut Turm aus sechs Klötzen • Es kann die Finger einzeln bewegen
3 Jahre	**Stehen** • Einbeinstand und Gehen auf Zehenspitzen **Treppensteigen** • Beine werden nacheinander im Wechselschritt eingesetzt **Springen** • Schlussweitsprung und das Überspringen von Hindernissen möglich **Hüpfen** • Beidbeiniges Hüpfen Ende des 3. Lebensjahres • Einbeiniges Hüpfen, 1 bis 3 Sprünge ab 3,5 Jahren **Balancieren** • Auf einer Linie oder einer Bordsteinkante **Fangen/Werfen** • Fangen eines großen leichten Balles aus geringer Entfernung	• Nachmalen eines Kreises • Öffnen von Knöpfen • Schuhe anziehen
4 Jahre	**Gehen** • rückwärts **Stehen** • Einbeinstand **Springen** • Das Kind springt über ein Seil **Hüpfen** • Hüpfen (unregelmäßiger Rhythmus)	• Stift kann in Schreibposition gehalten werden

Alter	Entwicklung der Motorik	
	Grobmotorik	**Feinmotorik**
5 Jahre	**Hüpfen** • Einbeiniges Hüpfen **Fangen/Werfen** • Das Kind fängt Ball aus Entfernung auf • Es kann ein Ziel aus ca. 3 m Entfernung treffen **Weitere Fortbewegungen** • Das Kind lernt Radfahren	• Das Kind kann Perlen auf eine Schnur auffädeln • Sichere Stifthaltung
6 Jahre	**Komplexe Bewegungsformen** • Das Kind kann Seilspringen **Fangen/Werfen** • Sicheres Fangen eines Balles aus Entfernung • Werfen mit Ausholbewegung • Zielgenaues Werfen **Hüpfen** • Rhythmisches Hüpfen	• Das Kind kann mit Löffel, Gabel umgehen • Es kann eine Schleife am Schuh binden

Abbildung 1: Übersicht Körpermotorik und Fein- bzw. Handmotorik (Zimmer 2019c, S. 70 f.)

2.1.1 Koordination

Mit **Koordination** wird umgangssprachlich das Zusammenspiel mehrerer Faktoren bezeichnet. Dies trifft in besonderem Maße auf Bewegungshandlungen zu. An jeder Bewegung sind mehrere Prozesse beteiligt: das zentrale Nervensystem, die Muskulatur und die Wahrnehmung. Sie müssen optimal zusammenwirken, damit sich der Mensch zum Beispiel schnell auf neue Situationen einstellen kann. Wenn ein Kind das Laufen bei einem Fangspiel etwa aufgrund eines Hindernisses plötzlich abstoppen muss, wenn es die Richtung des Laufens ändert oder das Tempo wechselt, spielen sowohl Wahrnehmungsprozesse als auch muskuläre Prozesse eine Rolle. Mehrere Muskelgruppen müssen aktiviert werden, das visuelle System informiert über Hindernisse, denen das Kind ausweichen muss, über die kinästhetische Wahrnehmung erhält es Rückmeldung über seine Bewegungsrichtung. All dies trägt dazu bei, dass ein Zusammenstoß vermieden wird.

Koordination bedeutet also die Steuerung und Regulation von Bewegungshandlungen. Hirtz (1985) stellt folgende Teilaspekte der Bewegungskoordination als „koordinative Grundfähigkeiten" heraus: räumliche Orientierungsfähigkeit, kinästhetische Differenzierungsfähigkeit, Reaktionsfähigkeit, Rhythmusfähigkeit, Gleichgewichtsfähigkeit.

Diese Teilaspekte machen deutlich, wie stark die Bewegungskoordination mit Wahrnehmungsleistungen verbunden ist. Die Koordination ist also auch davon abhängig, inwieweit das Kind Informationen aus der Umwelt oder aus dem eigenen Körper aufnehmen, verarbeiten und situationsangemessen darauf reagieren kann (vgl. Kapitel 2.2). So erfordert zum Beispiel das Spiel mit einem Ball Reaktionsfähigkeit, die genaue Differenzierung der Bewegung, die Orientierung im Raum, Rhythmusgefühl, Zielgenauigkeit und Präzision der Bewegung sowie die Fähigkeit, sich auf neue Situationen einstellen zu können.

Umfassende und vielseitige **Bewegungserfahrungen im Kindesalter fördern die Entwicklung koordinativer Fähigkeiten** und erleichtern das Erlernen komplexer Bewegungsabläufe (Roth 2003). Die Förderung der Bewegungskoordination hat insbesondere bei jüngeren Kindern einen hohen Stellenwert. Hirtz (1985) weist darauf hin, dass eine verbesserte motorische Lernfähigkeit im Schulalter nachgewiesen werden kann, wenn im jüngeren Alter die koordinativen Fähigkeiten besonders gefördert werden.

In **MotorikPlus** werden sowohl Alltagssituationen (z.B. das Treppensteigen) als auch spezifische Bewegungsanlässe bzw. -aufgaben, in denen Koordination eine Rolle spielt (z.B. der Hampelmannsprung), herangezogen. Eine genaue Auflistung der Items findet sich in Kapitel 4.2.

2.1.2 Kraft und Ausdauer

Unter **Kraft** wird die Fähigkeit der Muskulatur verstanden, sich gegen einen Widerstand zusammenzuziehen, Spannung aufzubauen oder einem Widerstand entgegenzuwirken (Willimczik & Roth 1993). So ist zum Beispiel das Klettern eine Widerstandsübung der Muskulatur gegen die Schwerkraft.

Ausreichend Kraft wird benötigt, wenn Kinder sich etwa beim Klettern an einer Stange oder einem Ast festhalten, sich abstützen oder sich beim Herabspringen mit den Armen abfangen müssen. Die Kraft bei Kindern im Kindergartenalter ist insbesondere von der Entwicklung ihrer Arm- und Beinmuskulatur abhängig.

Man kann verschiedene Erscheinungsformen der Kraft unterscheiden: Sprungkraft, Schnellkraft oder Wurfkraft. Eine gut ausgebildete Muskulatur sichert und schützt das passive Skelettsystem auch bei Alltagsbelastungen und beugt Haltungsschwächen bei Kindern vor (Dordel 2007; Graf 2017).

Die **Ausdauer** wird definiert als Fähigkeit, eine bestimmte muskuläre Leistung langandauernd zu erbringen; sie unterstützt die Widerstandsfähigkeit des Organismus gegen Ermüdung bei länger anhaltenden Belastungen (Hollmann & Strüder 2009). Sie ermöglicht, dass eine gewählte Bewegungsintensität möglichst lange aufrechterhalten werden kann und man sich nach einer Belastung schnell erholen kann. Ausdauer benötigen Kinder bei Lauf- und Fangspielen, beim Seilspringen, beim Roller- und Radfahren.

Zwar kann und sollte die Ausdauerfähigkeit bei Kindern im Kindergartenalter nicht systematisch trainiert werden, dennoch kann das Wachstum der Organsysteme und die Sauerstoffaufnahme auch bei jüngeren Kindern durch Bewegungsspiele unterstützt werden. Die Belastbarkeit des Herz-Kreislauf-Systems ist nämlich auch abhängig von seiner Herausforderung. Rennen und Toben sind also durchaus geeignet, die Ausdauerfähigkeit zu verbessern.

In **MotorikPlus** wird die Beobachtung von Kraft und Ausdauer durch Bewegungsanlässe (z.B. Sprung von einer Mauer) oder Bewegungsspiele (z.B. Fangspiele) konkretisiert (vgl. Kapitel 4).

2.1.3 Feinmotorik

Mit dem Begriff **Feinmotorik** – auch Hand- und Fingermotorik – werden die Fähigkeiten des Greifens und des Agierens der Hände, der Finger, meist unter visueller Kontrolle, beschrieben (Pauen & Elsner 2008; Stangl 2020).

Die feinmotorischen Kompetenzen eines Kindes reichen vom zielgerichteten Greifen mit den Händen über das Halten und Führen eines Stiftes bis hin zum Umgang mit Werkzeug (z.B. einen Nagel mit einem Hammer einschlagen, einen Schraubenzieher drehen) oder Alltagsgegenständen (Umgang mit Schere, Löffel und Gabel).

Von den feinmotorischen Fähigkeiten abhängig ist auch die Bewältigung alltäglicher Herausforderungen, wie zum Beispiel das Binden der Schnürsenkel. Ein klassischer Bereich der Feinmotorik ist der Umgang mit Stift und Pinsel. Die Handmotorik ist meist auch mit der Visumotorik verbunden. Aber nicht nur die feingesteuerten Bewegungen der oberen Extremitäten sind mit Feinmotorik gemeint, dazu gehören auch die Fußbeweglichkeit, das zielgerichtete Greifen mit den Zehen, die Mimik und die Gesichtsmotorik (Krombholz 2018; Zimmer 2020).

Grundlage für die feinmotorische Geschicklichkeit ist die Fähigkeit zur Differenzierung der Hand- und Fingerbewegungen, also die Präzision der Bewegung, die Muskelanspannung sowie die Koordination von Hand und Auge.

In **MotorikPlus** werden Alltagssituationen zur Beobachtung der feinmotorischen Kompetenzen herangezogen (z.B. das Schneiden mit einer Schere), aber auch spezifische Bewegungsaufgaben (z.B. das Einfädeln von Perlen auf eine Schnur) berücksichtigt (vgl. Kapitel 4).

2.2 Sensorische Kompetenzen

Die **sensorischen Kompetenzen** betreffen den Bereich der Sinneswahrnehmung, das heißt, die Funktionsfähigkeit der visuellen, auditiven, taktilen, kinästhetischen und vestibulären Wahrnehmung. Ein gut funktionierendes Wahrnehmungssystem kann als Voraussetzung für die Auseinandersetzung des Kindes mit seiner Umwelt betrachtet werden. Dazu gehören auch die gustatorische und olfaktorische Wahrnehmung (Schmecken und Riechen), die jedoch im Rahmen von **MotorikPlus** nicht aufgenommen wurden.

Die im Folgenden vorgenommene Trennung der einzelnen Sinnessysteme entspricht natürlich nicht der Realität – in Wirklichkeit arbeiten die Sinnessysteme zusammen, und meistens gewinnen wir Informationen aus unserer Umwelt gleichzeitig über mehrere Sinneskanäle. Das Zusammenspiel der Sinne, der Augen, des Gehörs, des Tastsinns, des Bewegungssinns und des Gleichgewichtssinns, macht es möglich, dass das Kind zum Beispiel sicher über den schmalen Baumstamm gehen kann, dass es Unebenheiten wahrnimmt, bei Unsicherheiten das Gewicht durch die Bewegung und Körperhaltung ausgleichen kann. Doch es kann für das Verständnis der Sinneswahrnehmung hilfreich sein, die Besonderheiten der jeweiligen Wahrnehmungsvorgänge einzeln zu betrachten, um anschließend ihr Zusammenwirken besser nachvollziehen zu können. Die Entwicklung der kindlichen Wahrnehmung kann als Prozess zunehmender Differenzierung der Sinnesleistungen beschrieben werden, der einhergeht mit ihrer gleichzeitigen Integration (Holle 2016; Zimbardo & Gerrig 1999; Zimmer 2019a).

2.2.1 Der Gleichgewichtssinn – Vestibuläre Wahrnehmung

Der **Gleichgewichtssinn** – auch als vestibuläre Wahrnehmung bezeichnet – ist für die Aufrechterhaltung des Körpers und für die Orientierung im Raum verantwortlich. Er befähigt darüber hinaus den Organismus, Beschleunigungen und Drehbewegungen wahrzunehmen und sich darauf einzustellen. Für diese Funktion befinden sich wichtige Rezeptoren im Innenohr, daher wird das Ohr oft auch als Vestibularorgan bezeichnet (Holle 2016).

Die Informationen, die über das Gleichgewichtssystem gewonnen werden, sind von großer Bedeutung für die Anpassung des Menschen an seine Umwelt. Ohne diesen Sinn wäre der Mensch nicht in der Lage, aufrecht zu gehen und sich in dem Raum, der ihn umgibt, zu orientieren (Lensing-Conrady 2001; Zimmer 2019a).

Die Gleichgewichtserhaltung kann unterteilt werden in das statische und dynamische Gleichgewicht sowie in das Objektgleichgewicht. Das **statische Gleichgewicht** ist ortsgebunden (Versuche, Gleichgewicht im Stand zu halten), während das **dynamische Gleichgewicht** die Versuche umfasst, das Gleichgewicht in der Fortbewegung aufrechtzuerhalten (z. B. während einer Drehbewegung oder einer vertikalen Beschleunigung). Das **Objektgleichgewicht** bezieht sich zum Beispiel auf das Balancieren von Materialien (ein mit Wasser gefülltes Glas von einem Ort zum anderen bringen, Balancieren einer Pappscheibe auf dem Handteller etc.). Bewegungsaufgaben beinhalten oft eine Verbindung von statischem und dynamischem Gleichgewicht: Balancieren auf Linien am Boden, auf Baumstämmen, Benutzen von Stelzen, Rollschuh- und Schlittschuhlaufen.

Besonders schwierig wird die Erhaltung des Gleichgewichts auf schmalen Unterstützungsflächen (Bordsteinkanten, Baumstämmen, Balancierbalken), auf labilem Untergrund (Weichböden, Schaumgummimatten, Kissen) und erhöhten Unterlagen (Kasten, Bank).

In **MotorikPlus** werden Alltagssituationen wie das Gehen auf unebenem Untergrund zur Beobachtung herangezogen; als spezifischere Gleichgewichtsaufgabe dient das Balancieren über eine erhöhte Fläche (Bank, Mauer) und aus dem Bereich des Objektgleichgewichts das Balancieren eines Gegenstands auf dem Handteller.

2.2.2 Taktil-kinästhetische Wahrnehmung

Die **taktile Wahrnehmung** beinhaltet die Fähigkeit, Formen zu ertasten und voneinander zu unterscheiden, die Oberflächenbeschaffenheit von Materialien zu differenzieren und auch mit geschlossenen Augen Dinge allein an ihren äußeren Merkmalen ertasten und erkennen zu können. Über die Haut und die in den unteren Hautschichten gelegenen Rezeptoren nehmen wir passiv mithilfe mechanischer Reize Berührungen wahr, gleichzeitig erkunden wir aber auch damit unsere Umwelt. Fühlt sich ein Gegenstand glatt oder rau an, ist er spitz, eckig oder rund? Die Dichte der Tastkörperchen variiert in den einzelnen Körperteilen, die meisten Tastkörperchen befinden sich im Mundbereich, am Handteller, an den Fingerspitzen und den Fußsohlen (Faller & Schünke 2020).

Ob ein Gegenstand allerdings hart oder weich ist, kann man nur unter Hinzuziehung der **kinästhetischen Wahrnehmung** – hier vor allem des Kraftsinns – erkennen. Die Berührung der Oberfläche eines Gegenstandes sagt noch nichts über seine Konsistenz aus. Will man etwa herausfinden, wie reif ein Pfirsich ist, reicht es nicht aus, ihn anzuschauen oder zu berühren; man muss ihn auch mit den Fingern „eindrücken", um so seine Festigkeit zu überprüfen (Holle 2016).

Unter **kinästhetischer Wahrnehmung** wird die Lage- und Bewegungsempfindung, die nicht durch das Sehen vermittelt wird, verstanden. Sie ist uns meist nicht bewusst, doch können wir automatisch auf sie zurückgreifen, da wir sie oft geübt haben und ein inneres Bild über den Ablauf alltäglicher Bewegungen in uns tragen. So finden wir auch mit geschlossenen Augen oder im Dunkeln den eigenen Mund, wenn wir einen Apfel essen möchten, und beim Klatschen in die Hände müssen wir nicht ständig visuell kontrollieren, dass die eine Handfläche auf die andere trifft (Zimmer 2019a).

Die kinästhetische Wahrnehmung gibt somit Rückmeldung über die Muskelkoordination, den Spannungsgrad der Muskulatur, den Krafteinsatz und den Weg einer Bewegung. Dieses Wahrnehmungssystem ist also für die Kontrolle der Eigenbewegung wichtig. Kinästhetische Erfahrungen tragen auch zur Entwicklung von genaueren Bewegungsvorstellungen bei und unterstützen das Bewegungsgedächtnis. Die für diese Wahrnehmung zuständigen Rezeptoren liegen über den ganzen Körper verstreut in den Muskeln, Sehnen, Bändern und Gelenkkapseln. Kinästhetische Reize werden also direkt aus dem Körperinneren wahrgenommen: Die Rezeptoren nehmen hier keine Reize aus der Umwelt auf, sondern solche, die im eigenen Körper (z. B. durch Bewegung) entstehen. Man nennt sie deshalb „Propriozeptoren" (proprius = der Eigene). Die kinästhetische Wahrnehmung wird auch als „Tiefensensibiliät" bezeichnet (Holle 2016; Schmidt & Schaible 2006). Aus dieser Eigenwahrnehmung baut sich auch das Körperschema (die Vorstellung über den eigenen Körper) auf.

Da die taktile und die kinästhetische Wahrnehmung im Alltag meist zusammenwirken, werden die beiden Bereiche in **MotorikPlus** zusammengefasst. Hier wird beobachtet, ob das Kind Oberflächen (weich, rau) oder Gewichte (schwer, leicht) unterscheiden kann, ob es Berührungen am eigenen Körper lokalisieren kann, ob es sich unter Hindernissen hindurchwinden kann, seine Muskulatur willentlich entspannen oder seine Körperkraft dosiert einsetzen kann.

2.2.3 Visuelle Wahrnehmung

Der weitaus größte Teil der von außen kommenden Informationen wird über die Augen wahrgenommen. Die **visuelle Wahrnehmung** ermöglicht das Erkennen von Farben, Formen und Mustern, die Unterscheidung von Hell und Dunkel, das Einschätzen von Entfernungen, das Erfassen von Mengen und die Orientierung im Raum.

Innerhalb der visuellen Wahrnehmung können unter anderem folgende Bereiche unterschieden werden (Frostig & Lockowandt 2000; Holle 2016; Zimmer 2019a): Unter **Figur-Grund-Wahrnehmung** wird die Fähigkeit verstanden, auf dem Hintergrund einer Vielzahl auf das Auge einströmenden Reize einen bestimmten Reiz herauszulösen. Er bildet die Figur innerhalb unseres Wahrnehmungsfeldes, die anderen – unwichtigeren – Reize bilden den nur ungenau wahrgenommenen Hintergrund. Dies ist zum Beispiel wichtig für die Konzentration, wenn ein Kind bei einem Puzzle die richtigen Teile heraussuchen oder auf einem „Wimmelbild" bestimmte Dinge erkennen soll.

Die **Wahrnehmung der Raum-Lage** betrifft die Beziehung eines Gegenstandes zum Wahrnehmenden selbst. Die wahrnehmende Person ist der Bezugspunkt, die Gegenstände werden hinter, vor, über und seitlich von ihr lokalisiert. Zur **Formwahrnehmung** gehört die Fähigkeit, verschiedene Formen (rund, eckig etc.) zu unterscheiden; zur **Farbwahrnehmung** gehört die Fähigkeit, Farben zu unterscheiden (z.B. bei Reaktionsspielen auf optische Signale zu reagieren).

Wichtig ist auch das **visuelle Gedächtnis:** Gesehenes erinnern zu können, ist eine Voraussetzung für die kognitive Entwicklung. Zahlen, Symbole, Buchstaben müssen richtig erkannt und zugeordnet werden (Kim-Spiele, Memory-Spiele). Als **visumotorische Koordination** bezeichnet man die Fähigkeit, das Sehen mit den Bewegungen des Körpers zu koordinieren. Wenn man zum Beispiel nach einem Gegenstand greift, muss die Bewegung der Hände durch das Sehen gesteuert werden. Auch beim Prellen eines Balles auf den Boden, beim Ballfangen oder beim zielgerichteten Werfen erfolgt eine Koordination von Augen und Handbewegung (Auge-Hand-Koordination) (Zimmer 2019a).

In **MotorikPlus** werden beispielhafte Kompetenzen aus den Bereichen „Figur-Grund-Wahrnehmung – Visumotorische Koordination" ausgewählt, die meist in alltäglichen (Bewegungs-)Anlässen beobachtbar sind (vgl. Kapitel 4).

2.2.4 Auditive Wahrnehmung

Über das auditive System können wir Töne, Geräusche und Klänge wahrnehmen bzw. unterscheiden. Es hat außerdem eine grundlegende Funktion für die menschliche Kommunikation: So stellt die auditive Wahrnehmung eine Voraussetzung für die Entwicklung der Sprache dar (Olbrich 2002; Holle 2016; Zimmer 2019a). Schließlich können durch das Gehör die Entfernung und die Richtung von Reizen, das heißt von Schallquellen, wahrgenommen werden.

Die auditive Wahrnehmung umfasst folgende Bereiche (Breitenbach 1995; Zimmer 2019a): Zur **auditiven Aufmerksamkeit** gehört die Fähigkeit, sich auf Gehörtes konzentrieren zu können. Dies ist auch abhängig von der „auditiven Figur-Grund-Wahrnehmung". Ähnlich wie bei der visuellen Wahrnehmung wird hierunter die Fähigkeit verstanden, Reize aus ihrem Hintergrund – den Nebengeräuschen – herauszulösen, sich zum Beispiel beim Vorlesen einer Geschichte auf die Worte der pädagogischen Fachkraft zu konzentrieren und die Umgebungsgeräusche, den Lärm in der Gruppe oder die Geräusche vorbeifahrender Autos, auszublenden.

Unter **auditiver Lokalisation** wird die Fähigkeit verstanden, eine Geräuschquelle räumlich einzuordnen, die Richtung, aus der ein Geräusch oder eine Stimme kommt, zu erkennen. Die **auditive Diskrimination** umfasst die Fähigkeit, Ähnlichkeiten und Unterschiede zwischen Lauten und Tönen zu erkennen und richtig zuzuordnen. Wichtig ist auch die **auditive Merkfähigkeit:** Gehörtes muss gespeichert werden, um wiedererkannt und wieder abgerufen werden zu können. Unter „Verstehen des Sinnbezugs" ist das inhaltliche Zuordnen des Gehörten gemeint. Das Hupen des Autos im Straßenverkehr muss nicht nur herausgehört, sondern auch in seiner Bedeutung erkannt werden.

In **MotorikPlus** finden sich beispielhaft Kompetenzen zur Beobachtung dieser Teilbereiche auditiver Wahrnehmung (vgl. Kapitel 4). Der Zusammenhang von auditiver Wahrnehmung und sprachlicher Entwicklung wird genauer in **BaSiK** (Zimmer 2019d) beleuchtet.

2.3 Emotionale Kompetenzen

Gefühle wie Freude, Wut, Liebe, Trauer, Ärger, Neid, Stolz begleiten den Menschen bereits in jungen Jahren. Kinder müssen lernen, mit diesen Empfindungen umzugehen. Einerseits geht es darum, die Gefühle zunächst einmal wahrzunehmen, sie zuzulassen und ihnen Ausdruck zu verleihen, andererseits ist es aber auch wichtig, sie zu kontrollieren und zu regulieren.

Als emotionale Kompetenz wird die Fähigkeit verstanden, eigene Gefühle wahrzunehmen, zu verstehen und auf verschiedene Weise auszudrücken, sie zu regulieren und mit ihnen umgehen zu können. Gleichzeitig umfasst es aber auch, **mit**fühlen zu können, also Verständnis für die Gefühle anderer zu haben und angemessen darauf zu reagieren (Weltzien et al. 2016; Petermann & Wiedebusch 2016; von Salisch 2002).

Petermann und Wiedebusch (2016) unterscheiden zwischen

- **Basisgefühlen** wie Freude, Wut, Angst, Überraschung und Interesse; diese zeigen sich bereits ab dem zweiten Lebensjahr,
- **sekundären Gefühlen** wie Stolz, Scham, Schuld, Neid, Verlegenheit, Empathie; diese zeigen Kinder ab circa vier Jahren,
- **komplexen Gefühlen** wie Eifersucht, Mitleid, Empörung; diese äußern Kinder ab circa sechs Jahren.

Meist handelt es sich um kurzlebige Gefühlszustände, die als Reaktion auf bestimmte Anlässe oder Situationen, die sich im Alltag ereignen, entstehen. Gefühle können mimisch, gestisch, in der Körperhaltung und -bewegung sowie sprachlich ausgedrückt werden. Sie können eher positiv besetzt sein (Freude, Interesse) oder auch negativ eingeordnet werden (Wut, Ärger, Angst).

Kinder müssen den Umgang mit eigenen und fremden Emotionen erst lernen. Dabei spielen familiäre Einflüsse eine wichtige Rolle. Eltern fungieren als Modelle, sie vermitteln darüber hinaus Verhaltensregeln für den Umgang mit Gefühlen. Aber auch die pädagogischen Fachkräfte in der Kindertageseinrichtung können dazu beitragen, dass Kinder zunehmend emotionale Kompetenzen erwerben. Dazu gehört zunächst einmal, dass sie die von den Kindern gezeigten Emotionen ernst nehmen, darauf eingehen und Hilfen zur Regulation auch negativer Gefühle anbieten. Kinder müssen Gelegenheiten haben, die aus dem Gefühl resultierenden Handlungsimpulse zu regulieren und zu kontrollieren. Wenn an der Rutsche also Streit um die Reihenfolge entsteht, gilt es nicht, andere zu schubsen und sich vorzudrängen (und damit dem Ärger ungefiltert Luft zu machen), sondern in angemessener Form darauf zu reagieren, zum Beispiel die anderen anzusprechen: „Ich will jetzt auch mal."

Wenn ein Kind seine eigenen Gefühle spüren und einordnen kann, wird es ihm leichter fallen, auch die Gefühle anderer wahrzunehmen, sie zu verstehen und die Ursache für ein Gefühl zu erkennen. Dies ist eine wichtige Voraussetzung für situationsangemessenes Verhalten in sozialen Interaktionen.

Die Beobachtungsaufgaben in **MotorikPlus** beziehen sich unter anderem auf die Fähigkeit des Kindes, Emotionen auszudrücken (z.B. „hat Freude an Spiel und Bewegung") und zu regulieren. Ebenso wird darauf eingegangen, ob das Kind die Gefühle anderer verstehen kann und mitfühlend handelt (vgl. Kapitel 4).

2.4 Soziale Kompetenzen

Soziale Kompetenzen sind eng verbunden mit den emotionalen Kompetenzen. Die Gestaltung zwischenmenschlicher Beziehungen ist davon abhängig, ob ein Kind mit den eigenen, aber auch mit den Gefühlen anderer umgehen kann. Die enge Verbindung zwischen beiden Bereichen wird durch den häufig genutzten Begriff der „sozial-emotionalen Kompetenz" ausgedrückt.

Bei den sozialen Kompetenzen spielen jedoch weitere Fähigkeiten eine Rolle, wie zum Beispiel die Kommunikationsfähigkeit, die Kooperationsfähigkeit, die Fähigkeit zum Umgang mit Konflikten und die Fähigkeit, Regeln für das gemeinsame Spiel zu verstehen und sich daran zu halten (Zimmer 2020).

Soziale Kompetenz setzt sich nach Asendorpf (2004) aus zwei Komponenten zusammen: **Konfliktfähigkeit** und **Kooperationsbereitschaft.** Sozial kompetente Menschen verfügen demnach über die Fähigkeit, diese beiden eher gegensätzlichen Verhaltensweisen situativ so zu steuern, dass es ihnen möglich wird, eigene Bedürfnisse zu verwirklichen, gleichzeitig aber auch die Bedürfnisse anderer zu berücksichtigen.

Als soziale Kompetenz bezeichnet man die Fähigkeit, in der Interaktion mit anderen die eigenen Wünsche und Bedürfnisse zum Ausdruck zu bringen, sich gleichzeitig aber auch in die Rolle anderer hineinzuversetzen und ihre Bedürfnisse und Wünsche im eigenen Handeln zu berücksichtigen (Pfeffer 2017; Weltzien et al. 2016; Petermann & Wiedebusch 2016).

Die Fähigkeit, sich in die Lage eines anderen zu versetzen, entwickelt sich bereits in den ersten Lebensjahren (Tomasello 2014). Schon im zweiten Lebensjahr zeigen Kinder erste Ansätze von Empathie und Hilfsbereitschaft, sie trösten ein anderes Kind, wenn es weint, helfen ihm, wenn es nicht alleine über die Mauer balancieren kann. Die Kinder entwickeln ihre Fähigkeit zur Kooperation weiter, sind zunehmend zu Interaktionen und zur Verfolgung gemeinsamer Handlungsziele fähig. Mit circa drei Jahren kann man in den Interaktionen der Gleichaltrigen deutlich ein soziales oder kooperatives Spielen erkennen (Pfeffer 2017). Dies stellt eine Reihe von Anforderungen an die Interaktionspartner: Hierzu gehören die Einigung über den Spielgegenstand oder das Thema, die Verteilung und die Annahme von Rollen. Mit circa vier Jahren sind Kinder in der Lage, sowohl kognitiv als auch emotional die Perspektive eines anderen zu übernehmen. Die Fähigkeit zur Perspektivenübernahme ist eine der wichtigsten Merkmale sozialer Kompetenz.

Auch der konstruktive Umgang mit Konflkten gehört in einer Gruppe zu den wichtigen Themen. Überall, wo Kinder zusammen spielen, wo sie in Gruppen etwas gemeinsam tun, kommt es hin und wieder zu Konflikten. Konflikte sind Ausdruck unterschiedlicher Interessen und Bedürfnisse. Im Kita-Alltag ist es wichtig, Kinder darauf aufmerksam zu machen, dass Konflikte ganz selbstverständlich sind, wenn mehrere Kinder miteinander spielen wollen. Kinder sollten darin unterstützt werden, Strategien zur Lösung von Konflikten zu finden und einzuüben. Sich konstruktiv mit anderen auseinandersetzen zu können, sich über unterschiedliche Erwartungen zu verständigen, Konflikte auszuhandeln und Kompromisse zu finden, ist eine Aufgabe, die den Kindern nicht auf Anhieb und selbstständig gelingt; dazu wird häufig die Begleitung durch die pädagogischen Fachkräfte benötigt.

In der Gemeinschaft mit anderen Kindern und mit Erwachsenen entwickeln Kinder die Kompetenzen, die für das soziale Zusammenleben erforderlich sind. Kinder begegnen anderen Kindern, nehmen mit ihnen Kontakt auf, sie beobachten sich gegenseitig, sie setzen sich mit ihnen auseinander, spielen miteinander, aber auch gegeneinander, wenn es zum Beispiel ums Kräftemessen oder ein Wettspiel geht. Kinder streiten sich und vertragen sich wieder, sie vertreten die eigenen Interessen und setzen sich durch – aber sie nehmen auch Rücksicht aufeinander, geben nach, sie helfen einander und lassen sich helfen.

Um diese alltäglichen Herausforderungen zu bewältigen, benötigen Kinder grundlegende soziale Kompetenzen, mit deren Hilfe sie sich in die Situation eines anderen hineinversetzen können, Gefühle erkennen und verstehen sowie auch Streit und Konflikte lösen können. Bewegungsaktivitäten können dazu beitragen, dass Kinder elementare soziale Kompetenzen wie soziale Sensibilität, Empathie, Perspektivenübernahme, Kooperationsfähigkeit und Konfliktfähigkeit erwerben (Amft et al. 2013; Pfeffer 2017; Zimmer 2020).

Die Beobachtungsaufgaben in **MotorikPlus** richten sich auf alltägliche Situationen, in denen Kinder miteinander agieren, in denen basale Kompetenzen wie Kontaktaufnahme, aber auch Kooperationsbereitschaft und Konfliktfähigkeit gefordert sind.

2.5 Kognitive Kompetenzen

In der aktiven Auseinandersetzung mit der Umwelt sammelt das Kind Erfahrungen, ordnet und speichert sie, greift auf sie zurück, wenn ihm Neues begegnet, überträgt sie auf andere Situationen, entdeckt Ordnungen und Regelmäßigkeiten. Dies alles sind Prozesse, die zum Erwerb kognitiver Kompetenzen führen. Zu den kognitiven Kompetenzen als Grundlage für menschliches Denken zählen unter anderem Konzentration, Aufmerksamkeit, Gedächtnis, Handlungsplanung und -steuerung, Problemlösen, aber auch Kreativität und Fantasie (Spitzer 2002, Stangl 2020, vgl. auch Kapitel 1.2).

Denken vollzieht sich zunächst in der Form aktiven Handelns. Über die praktische Bewältigung von Situationen gelangt das Kind zu deren theoretischer Beherrschung (Zimmer 2020). Auf der konkreten Handlungsebene aufbauend entwickeln sich abstrakte Vorstellungen, das Kind kann sich dann auch mit Personen und Situationen auseinandersetzen, die nicht präsent sind. Es kann planen, bevor es handelt, und Ereignisse in Gedanken vorwegnehmen.

Grundlegend für die Entwicklung der kognitiven Kompetenzen sind die Möglichkeiten des Kindes, experimentierend und erforschend mit den Objekten seiner Umwelt umzugehen und selbstständig – auch in der Interaktion mit anderen – Erfahrungen sammeln zu können. Die auf diesem Weg gewonnenen Eindrücke können als dingliche oder auch als „materiale" Erfahrung bezeichnet werden. Materiale Erfahrungen sind vor allem Erfahrungen physikalischer Phänomene. Kinder machen sie beim Variieren ihrer Handlungen unter verschiedenartigen Handlungsbedingungen. So sind Begriffe wie Schwung, Gleichgewicht, Beschleunigung, Schwerkraft etc. unmittelbar an das eigene Tun gebunden. Sie können von Kindern nur über grundlegende Bewegungstätigkeiten beim Schaukeln, Rutschen, Balancieren, Klettern, Rollen, Springen etc. erfahren werden. Über die Veränderung der Spiel- und Bewegungssituationen (z.B. beim Balancieren über unterschiedlich breite und hohe Geräte, beim Halten des Gleichgewichts auf instabilen Materialien) erleben sie unmittelbar Ursache und Wirkungen und lernen, Zusammenhänge zu erkennen.

Bewegungshandlungen sind zudem mit Strategien der Problemlösung verbunden. Das Kind macht sich ein Bild von den Gesetzmäßigkeiten und der Beschaffenheit von Dingen über Bewegungsaktivitäten, die als explorative Handlungen dienen. Es überprüft die Ergebnisse am eigenen Tun: Wenn es auf der Schaukel sitzend seine Körperhaltung ändert, kann der Anschwung verstärkt oder auch abgebremst werden.

Die Fähigkeit zur Handlungsplanung wird auch als pragmatische Kompetenz bezeichnet. Hierzu sind sowohl kognitive als auch motorische Kompetenzen erforderlich: Wie kann man auf einen hohen Kasten aufsteigen (Aufstiegshilfen suchen, an den Grifflöchern hochklettern etc.)? Welche Schritte sind erforderlich, wenn man einen hohen Turm bauen will? Erkennt das Kind beim Aufräumen der Geräte, welcher Schritt als erster und welcher dann als nächster getan werden muss?

Die Entwicklung kognitiver Kompetenzen ist ein vielschichtiger Prozess, der in aktiver Auseinandersetzung mit der dinglichen und sozialen Umwelt verläuft und eng verbunden ist mit anderen Entwicklungsprozessen wie zum Beispiel der Wahrnehmung, der Bewegung und der Sprache.

Die Beobachtungsaufgaben in **MotorikPlus** beziehen unterschiedliche kognitive Kompetenzen (z.B die Konzentrations- oder Problemlösefähigkeit des Kindes) ein (vgl. Kapitel 4).

3. Beobachtung im pädagogischen Alltag

Kinder in ihrer Entwicklung begleiten, unterstützen und fördern zu können, setzt eine intensive Beobachtung ihres Verhaltens, ihrer Aktivitäten, Kompetenzen und Interessen voraus. Beobachten heißt zunächst einmal: bewusst wahrnehmen, genau hinsehen, sich auf das individuelle Verhalten des Kindes konzentrieren, dabei auch seine Beziehung zu anderen im Blick haben, seine Aktivitäten beachten, ihm zumindest für eine Zeit lang ungeteilte Aufmerksamkeit schenken.

3.1 Ressourcenorientierte Sicht

Beim Beobachten geht es – im Sinne von **MotorikPlus** – nicht darum, herauszufinden, in welchen Bereichen Kinder Schwierigkeiten und Schwächen haben, wo ihre Defizite liegen, was sie nicht können. Es geht bei der Beobachtung vielmehr darum, zu erkennen, wo Kinder ihre Fähigkeiten und Stärken haben, was sie gerne tun, welche Aktivitäten sie bevorzugen, bei welchen Aufgaben sie sich gut konzentrieren können und sich aktiv einbringen.

Das Erleben der eigenen Kompetenz ist die Voraussetzung dafür, dass ein Kind sich weiter voranwagt, sich auch mit neuen Anforderungen gerne auseinandersetzt, dass es bei auftretenden Schwierigkeiten zuversichtlich bleibt und bei Misserfolg nicht gleich aufgibt.

Diese Sichtweise auf das Kind ist ausdrücklich ressourcenorientiert: Die Beobachtung dient dazu, bei jedem Kind die individuellen Ressourcen zu erkennen und damit die Bereiche zu identifizieren, in denen es am besten seine Stärken entfalten kann. Darin ist natürlich eingeschlossen, dass auch beobachtet werden soll, ob ein Kind zum Beispiel bestimmte Situationen und Angebote meidet, ob es sich etwa bei feinmotorischen Aktivitäten, beim Basteln und Malen eher großräumigen Bewegungsangeboten, der Bewegungsbaustelle oder der Bauecke zuwendet. Die pädagogische Fachkraft wird das Kind in solchen Situationen aufmerksam begleiten und herauszufinden versuchen, was die Beweggründe seines Verhaltens sind: Hat es zum Beispiel Angst vor möglichem Misserfolg oder einfach nur besondere Vorlieben und Interessen?

Aufbauend auf den Beobachtungen kann die pädagogische Fachkraft Ziele für die pädagogische Arbeit formulieren. Sie kann Maßnahmen planen und dabei die individuellen Interessen der Kinder berücksichtigen (vgl. hierzu Kapitel 8).

3.2 Offene und standardisierte Beobachtung, Screenings und Testverfahren

Für die Beobachtung können unterschiedliche Vorgehensweisen gewählt werden: So kann die Beobachtung in offenen (Spiel-)Situationen, die sich im Alltag der Kindertageseinrichtung ergeben, oder bei bewusst gestalteten Angeboten durch die pädagogische Fachkraft erfolgen (vgl. Zimmer 2019c). Auch hinsichtlich der Art der Dokumentation von Beobachtungen kann auf vielfältige Möglichkeiten zurückgegriffen werden. Die Dokumentationsformen reichen von freien Aufzeichnungen über Orientierungsleitfäden bis hin zu standardisierten Beobachtungsbögen. Neben der Beobachtung gibt es auch weitere Verfahren zur Erfassung der Kompetenzen, wie zum Beispiel Screeningverfahren und Entwicklungstests.

In der Praxis bekannt sind die „Grenzsteine der Entwicklung" (Michaelis 2004); hierbei handelt es sich um einen **Einschätzbogen,** mit dessen Hilfe Risiken in der Entwicklung von Kindern frühzeitig erkannt werden können. Michaelis (2004) verfolgt mit dem sogenannten „Grenzsteinprinzip" das Ziel einer raschen Beurteilung der kindlichen Entwicklung unter pädiatrischen Gesichtspunkten oder in Kindergärten. Den Begriff der „Grenzsteine" umschreibt er folgendermaßen: „Ein Grenzstein ist definiert als ein bestimmtes Entwicklungsziel, das von 90 bis 95 Prozent einer normalen Population erreicht worden ist, z.B. das freie Sitzen mit 9 Monaten, das freie Gehen mit 18 Monaten. Ein Kind, das bis zu einem solchen Zeitpunkt ein Entwicklungsziel nicht erreicht hat, ist in seiner weiteren Entwicklung engmaschig zu verfolgen" (Michaelis 2011, S. 138f.).

Die Zusammenstellung der „Grenzsteine" und die Bearbeitung für die Kindergartenpraxis erfolgte durch Laewen (2009). Sie sind konzipiert für die Beobachtung und Einschätzung von Kindern im Alter von 15 Monaten bis 6 Jahren. Wenn Kinder die für ein bestimmtes Alter zu erwartenden Entwicklungsziele nicht erreichen, wenn also eine oder mehrere Fragen auf dem Einschätzbogen mit „Nein" beantwortet werden, liegt die Vermutung einer Entwicklungsverzögerung nahe. Durch entsprechende Fachkräfte (Kinderärzte, Psychologen) sollte dann abgeklärt werden, worin die Gründe liegen können und ob eine spezifische Förderung notwendig ist. Einen Überblick über unterschiedliche Beobachtungsverfahren in Kindertageseinrichtungen geben Beudels, Haderlein und Herzog (2012) sowie Viernickel und Völkel (2017).

Anders als Beobachtungsverfahren und Einschätzbögen finden **Screening- und Testverfahren** (weitgehend) unter festgelegten Bedingungen statt, das heißt, es wird versucht, die zu überprüfenden Kompetenzen in vorgegegebene Aufgaben einzubinden. Wissenschaftlich anerkannte Tests sind in aufwändigen Untersuchungen auf ihre Objektivität, Zuverlässigkeit und Validität überprüft worden.

Screenings und Tests bieten den Vorteil, dass die Beobachtung in einer standardisierten Situation stattfindet und damit objektiver ist als offene Beobachtungssituationen. Durch die Erarbeitung von Normwerten ist eine Einordnung der individuellen Leistung in eine vergleichbare Stichprobe, zum Beispiel Kinder der gleichen Altersgruppe, möglich. Anstelle der oft zeitaufwändigen Testverfahren werden häufig auch Screeningverfahren eingesetzt. Sie haben im Vergleich zu Tests eine kürzere Durchführungszeit, liefern allerdings meist auch weniger genaue Ergebnisse. Tests und Screenings erfordern allerdings in der Regel künstlich herbeigeführte Situationen und bilden durch ihre standardisierten Aufgabenstellungen immer nur einen Ausschnitt aus dem Verhalten eines Kindes ab.

Es kann demnach geschlossen werden, dass sowohl die „Grenzsteine" als auch Tests und Screenings das Ziel haben, Entwicklungsverzögerungen bzw. -risiken aufzudecken. Dabei werden ganz bestimmte Entwicklungsschritte entweder eingeschätzt oder aber in künstlich herbeigeführten Situationen getestet. Die Verfahren zielen nicht oder nur sehr eingeschränkt auf eine umfassende Betrachtung der kindlichen Entwicklung, aus der auch Anregungen für die weitere Begleitung und Bildung des Kindes gewonnen werden können.

3.3 Vorteile systematischer Beobachtung

Offene Beobachtungen, die häufig keine bestimmten Kompetenzen in den Blick nehmen, sondern eher eine ganzheitliche Dokumentation der kindlichen Entwicklung verfolgen, ermöglichen es, wichtige Informationen über das Kind zu sammmeln. Es wird bei dieser Form der Beobachtung in selbst gestalteten (Spiel-)Situationen, in denen es ungezwungen und selbstbestimmt handeln kann, beobachtet (vgl. Zimmer 2019c). Durch die ressourcenorientierte (zugewandte) Haltung der pädagogischen Fachkraft und das Widerspiegeln eigener Fähigkeiten kann das Kind in seinem Erleben von Selbstwirksamkeit gestärkt werden (vgl. Zimmer 2019d). In der offenen, ungerichteten Beobachtung sind allerdings nur die Kompetenzen beobachtbar, die vom Kind selbst gezeigt werden (vgl. Lamnek 2005). Häufig meiden Kinder jedoch gerade die Situationen, deren Anforderungen sie sich nicht gewachsen fühlen. Um umfassende Beobachtungen vorzunehmen, ist die offene Beobachtung als alleiniges Vorgehen somit nicht ausreichend (vgl. Zimmer 2019c). Dagegen bietet eine systematische Beobachtung anhand von Leitfäden und Beobachtungsbögen einen inhaltlichen Rahmen für die Beobachtung bestimmter Entwicklungsbereiche und Kompetenzen. Damit das Kind jedoch nicht in seinem unbefangenen Handeln beeinflusst wird, sollten so weit wie möglich natürliche Spiel- und Bewegungssituationen aufgesucht werden.

MotorikPlus greift sowohl Beobachtungssituationen aus dem Alltag (Treppensteigen, Stift halten, Klettern etc.) als auch aus Bewegungsanlässen und -aufgaben auf, die von der pädagogischen Fachkraft begleitet oder vorgegeben werden (Balancieren über eine Mauer, über eine Bank, Hampelmannsprung). Damit kann die pädagogische Fachkraft selbst Angebote und Gelegenheiten schaffen, die Aufschluss über die beobachteten Kompetenzen geben. Obwohl es sich bei **MotorikPlus** um ein standardisiertes Beobachtungsverfahren handelt, sind die Items so angelegt, dass eine Beobachtung in authentischen Situationen des pädagogischen Alltags möglich ist und auf eine künstliche „Test"-Situation verzichtet wird. Eine Auswahl an exemplarischen Situationen, die sich auch zur Beobachtung verschiedener Kompetenzen eignen, ist in Kapitel 8.2 zusammengestellt.

Durch die wiederholte Beobachtung anhand von **MotorikPlus** kann der Entwicklungsprozess des Kindes begleitet werden. Die Beobachtungen liefern mehr als nur eine Momentaufnahme der Kompetenzen innerhalb einer künstlich herbeigeführten Situation. Sie bilden Entwicklungsverläufe über eine längere Zeitspanne hinweg ab und verfolgen damit vor allem auch das Ziel, Bildungsprozesse des Kindes längerfristig zu begleiten und zu dokumentieren. Damit sind sie weniger auf das einmalige Resultat einer Messung, sondern vielmehr auf die Erfassung des individuellen Entwicklungsprozesses ausgerichtet. Aus einer ressourcenorientierten Perspektive werden so die bereits erreichten Entwicklungsschritte sowie Entwicklungspotenziale abgebildet. Daraus lassen sich wiederum Schlüsse für die Umsetzung und Gestaltung des pädagogischen Alltags ziehen, um die kindliche Entwicklung zu unterstützen.

Der Einsatz von Beobachtungsverfahren bietet auch Vorteile hinsichtlich der Qualifikation der pädagogischen Fachkräfte sowie der Reflexion ihres pädagogischen Handelns (Schulz & Cloos 2013). So zeigten die Untersuchungen mit **BaSiK** (Zimmer 2019d) eine höhere Sensibilität der pädagogischen Fachkräfte hinsichtlich des Erkennens sprachrelevanter Situationen im Kita-Alltag (Eckrodt et al. 2015). Auch Weltzien und Viernickel (2012) betonen, dass Fachkräfte Zuwächse in ihrer Kompetenz zur Wahrnehmung und Unterstützung der kindlichen Entwicklungsprozesse erleben, wenn sie mit Beobachtungsverfahren arbeiten.

In der Erprobung von **MotorikPlus** empfanden die Pädagoginnen und Pädagogen den Einsatz hilfreich in Bezug auf eine differenzierte Dokumentation der kindlichen Entwicklung. Zum Beispiel schilderten die Fachkräfte, dass dadurch Stärken und Entwicklungspotenziale der Kinder in verschiedenen Bereichen bewusster wahrgenommen werden. Sie berichteten, dass ihnen zwar viele Situationen aus dem Alltrag vertraut waren, sie diese aber selten für eine strukturierte Beobachtung genutzt hätten.

Teil II

4. Aufbau des Beobachtungsverfahrens MotorikPlus

Im Folgenden wird der strukturelle Aufbau von **MotorikPlus** vorgestellt. Anschließend werden die einzelnen Skalen (Kompetenzbereiche) näher beschrieben.

4.1 Struktur des Beobachtungsverfahrens

MotorikPlus ist durch vier Grundbausteine strukturiert, die aufeinander aufbauen. Wie in der nachfolgenden Abbildung dargestellt, beinhalten diese Grundbausteine

1. Fragen zum Kind,
2. die motorischen Kompetenzen mit den Bereichen Koordination, Kraft/Ausdauer und Feinmotorik,
3. die sensorischen Kompetenzen mit den Bereichen Gleichgewicht (vestibuläre Wahrnehmung), taktil-kinästhetische Wahrnehmung, visuelle und auditive Wahrnehmung sowie
4. die sogenannten Plus-Kompetenzen, die emotionale, soziale und kognitive Fähigkeiten umfassen.

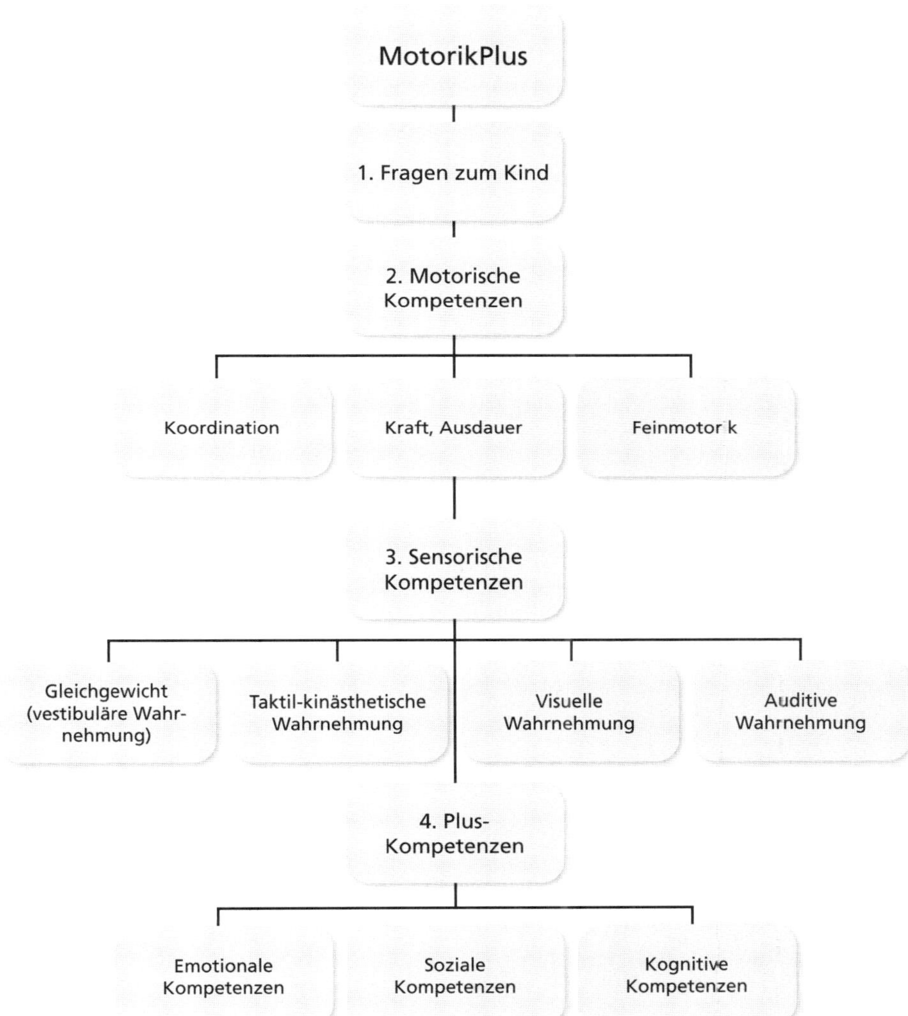

Abbildung 2: Struktur von MotorikPlus

Fragen zum Kind
Der erste Baustein enthält Fragen zum Kind, zu seinem Alter, seinem Eintritt in den Kindergarten, seiner Stellung in der Geschwisterreihe, den Bewegungsangeboten, die es außerhalb der Kindertageseinrichtung wahrnimmt, und zu eventuellen Entwicklungsbeeinträchtigungen.

4.2 Beschreibung der Skalen (Kompetenzbereiche)

Nach den Fragen zum Kind folgen die Kompetenzbereiche. Vorab ist hier zu betonen, dass sich Kinder höchst unterschiedlich entwickeln. Diese Variabilität ist ein wichtiges Charakteristikum von Entwicklung. In Kapitel 2 sind Anhaltspunkte für das Auftreten bestimmter Verhaltensweisen und den Erwerb von motorischen Kompetenzen, eingeteilt nach Altersstufen, gegeben (siehe Seite 16ff.). Diese Angaben sollten jedoch eher als grobe Richtwerte gelten.

Im folgenden Abschnitt werden die jeweiligen **Kompetenzbereiche** noch einmal kurz aufgeführt und, aufbauend auf den theoretischen Ausführungen (vgl. Kapitel 2), durch **praktische Beobachtungsfragen** konkretisiert. Anschließend werden die **Items bzw. Beobachtungsaufgaben aus beiden Beobachtungsbögen** – für **Kinder unter drei** und **über drei Jahren** – aufgeführt.

4.2.1 Motorische Kompetenzen

Aus der Fülle der zu beobachtenden Fähigkeiten wurde hier eine Auswahl wesentlicher Kompetenzen aus den Bereichen der Grob- und Feinmotorik vorgenommen, die zur Bewältigung alltäglicher Herausforderungen von Bedeutung sind. Kann das Kind zum Beispiel bei einem Fangspiel „bremsen", einem Hindernis ausweichen? Kann es seine Bewegungen gut koordinieren, zum Beispiel laufen und springen? Ist es in der Lage, auf einem Bein zu hüpfen und dabei auch mehrere Hüpfer hintereinander auszuführen? Kann es von einer Treppenstufe herabspringen und sich dabei auffangen? Vermag es, ausdauernd zu laufen? Wie ist sein Umgang mit Besteck, Stiften oder der Schere?

Koordination
Die Bewegungskoordination als das Zusammenwirken von Steuerungsprozessen, Wahrnehmung, Reaktion, Muskeleinsatz ist bei allen komplexeren Bewegungsaktivitäten erforderlich. Beim Fahren auf einem Laufrad oder Fahrrad muss das Kind mehrere Teilbewegungen koordinieren, zum Beispiel die Pedale treten bzw. sich mit den Füßen vom Boden abstoßen, dabei im Wechsel den rechten und den linken Fuß einsetzen, die Beinmuskelkraft beim Treten dosieren, das Lenkrad mit den Händen in die richtige Richtung steuern, sich visuell in der Umgebung orientieren, auf andere achten, die den eigenen Fahrweg kreuzen, das Gleichgewicht ausbalancieren, Hindernissen ausweichen, den Untergrund beachten.

Folgende Items wurden zur Beobachtung der Koordinationsfähigkeit ausgewählt:

Tabelle 1: Items im Bereich Koordination

Koordination	
Kinder unter drei Jahren	**Kinder über drei Jahren**
1. Das Kind kann auf Möbelstücke (Hocker, Sofa, Sessel, Stuhl) klettern und wieder herunterkommen. 2. … kann Treppenstufen hoch- und herabsteigen (mit Nachstellschritten und Festhalten am Geländer). 3. … kann einige Schritte (ca. 3) rückwärtsgehen (z.B. bei Bewegungsspielen, in denen zum Rückwärtsbewegen aufgefordert wird). 4. … kann an einem Klettergerüst oder an einer Sprossenwand mindestens zwei Stufen hochklettern. 5. … kann sich auf einfachen Fahrgeräten (Bobbycar, Rutschauto) fortbewegen. 6. … kann einige Meter auf einem Laufrad fahren, die Richtung lenken und sich mit den Füßen im Wechselschritt vom Boden abdrücken. 7. … kann einen großen, leichten Ball oder ein Kissen beidhändig werfen (über den Kopf oder vor dem Körper gehalten). 8. … kann einen großen, leichten Ball oder ein Kissen auffangen (dabei ggf. unterstützend den Körper zur Hilfe nehmen, mit beiden Händen).	1. Das Kind kann sicher rückwärtsgehen (mindestens 5 Schritte; z.B. bei Bewegungsspielen, in denen zum Rückwärtsbewegen aufgefordert wird). 2. … kann im Wechselschritt Treppen steigen (alternierend rechts und links). 3. … kann sicher auf einem Roller fahren (auf einem Bein stehen, sich mit dem anderen abstoßen). 4. … kann beim Laufen die Richtung schnell ändern (seitwärts, vor- und rückwärts, z.B. beim Ausweichen bei Fangspielen). 5. … kann einen großen, leichten Ball mit beiden Händen auffangen (dabei ggf. unterstützend den Körper zur Hilfe nehmen). 6. ... kann einhändig mit einem kleinen Ball (z.B. Tennisball) ein Ziel treffen (Tor, Zielscheibe, Dose o.Ä.). 7. … kann schaukeln (im Sitzen), kann den Anschwung beim Schaukeln verstärken und bremsen (holt z.B. Schwung, indem es Oberkörper und Beine entsprechend vorwärts und rückwärts bewegt). 8. ... kann den Hampelmannsprung ausführen (Arm- und Beinbewegungen koordinieren, rhythmisches Springen), schafft mindestens zwei Hampelmannsprünge.

Kraft/Ausdauer

Alle Bewegungsgrundformen wie Kriechen, Laufen, Schieben, Ziehen, Stützen oder Hängen erfordern eine gewisse Muskelkraft. Ansonsten würde der Gegenstand, den das Kind schieben will, sich nicht von der Stelle bewegen; das Kind könnte sich nicht an einen Ast hängen oder von einer Mauer herunterspringen und das eigene Gewicht auffangen. Die Arm- bzw. die Beinmuskulatur muss sich gegen einen Widerstand – allein schon gegen die Schwerkraft – zusammenziehen und die Spannung halten. Das ist bereits bei einfachsten Tätigkeiten wie dem Stehen auf zwei Beinen oder beim Halten einer Tasse notwendig. Der Reiz, der auf die Muskulatur wirkt und sie stärkt, ist das eigene Körpergewicht.

Um eine Bewegung eine bestimmte Zeit lang ausführen zu können und nicht vorschnell zu ermüden, ist Ausdauer erforderlich. Wenn Kinder zum Beispiel beim Laufen schnell außer Atem geraten, wenn sie beim Treppensteigen oft eine Pause machen müssen, ist dies ein Zeichen für eine geringe Ausdauer.

Folgende Items wurden zur Beobachtung der Kraft- und Ausdauerfähigkeit ausgewählt:

Tabelle 2: Items im Bereich Kraft/Ausdauer

Kraft/Ausdauer	
Kinder unter drei Jahren	**Kinder über drei Jahren**
1. Das Kind kann sich an eine Querstange (oder Reckstange) hängen und das eigene Körpergewicht kurz (ca. 3 Sekunden) halten.	1. Das Kind kann sich an eine Querstange (oder Reckstange) hängen und das eigene Körpergewicht kurz (ca. 3 Sekunden) halten.
2. ... kann von einer niedrigen Mauer oder einer Treppenstufe herabspringen und sich dabei auffangen (z.B. in der Hocke landen).	2. ... kann von einer Mauer oder einem Kasten herunterspringen und sich auffangen (z.B. in der Hocke landen).
3. ... kann sich mit beiden Armen über eine Bank (z.B. im Bewegungsraum) oder wie eine Schlange über den Boden ziehen.	3. ... kann beidbeinig über einen Graben (bzw. über eine Pfütze oder eine Bodenplatte, mindestens 50 cm) springen.
4. ... kann einen Wasserhahn öffnen und schließen (Wasserhahn zum Aufdrehen).	4. ... kann einbeinig mehrere (mindestens 3) Sprünge hintereinander ausführen (z.B. auf dem Flur von Fliese zu Fliese springen).
5. ... kann größere Gegenstände (Hocker, Kasten) schieben oder ziehen (z.B. zum Bauen bei Bewegungsbaustellen).	5. ... kann bei Lauf- und Fangspielen ca. 5 Minuten durchhalten (es muss kein ununterbrochenes Laufen sein, das Kind kann sich am Fangspiel auch mit „Frei"-Regeln über 5 Minuten beteiligen und muss nicht nach kurzer Laufstrecke eine Pause einlegen).
6. ... kann bei Fangspielen oder anderen Laufspielen kurze Zeit kontinuierlich laufen (mindestens 1 Minute).	6. ... kann einen Ball über eine Entfernung von ca. 4 Metern werfen oder mit dem Fuß schießen.

Feinmotorik

Um einen Stift zum Malen zu benutzen und die Linien auf einem Blatt nachfahren zu können, müssen die feinen Muskeln der Hand, der Finger aktiviert werden. Durch das immer differenzierter werdende Greifen bis hin zum Pinzettengriff (Greifen mit den Spitzen von Daumen und Zeigefinger) können auch kleinere Gegenstände gut manipuliert werden; das Kind kann Klötze stapeln oder Bausteine ineinanderstecken, Perlen einfädeln oder auch mit einem Werkzeug umgehen. Im Alltag wird eine gut entwickelte Handmotorik gebraucht, um zum Beispiel Wasser in ein Glas zu schütten, Figuren mit Knete zu formen, einen Reißverschluss zu schließen, Knöpfe öffnen und schließen zu können oder einen Schlüssel in ein Schloss zu stecken. Letztlich sind auch das Schreiben und Malen von den feinmotorischen Fähigkeiten abhängig. Eng verbunden mit dem fein gesteuerten Einsatz der Muskelgruppen ist auch die Koordination der Handbewegung und der Augenkontrolle (Auge-Hand-Koordination).

Folgende Items wurden zur Beobachtung der feinmotorischen Kompetenzen ausgewählt:

Tabelle 3: Items im Bereich Feinmotorik

Feinmotorik	
Kinder unter drei Jahren	**Kinder über drei Jahren**
1. Das Kind kann Dosen und Gläser mit Schraubverschluss auf- und zuschrauben. 2. ... kann mit einer Gabel Nahrung (Nudeln, Obst) „aufpieksen". 3. ... kann Buchseiten einzeln umblättern. 4. ... kann kleinere Gegenstände in Behälter mit schmalen Öffnungen stecken (z.B. im Spiel mit einem Formbrett, Geld in die Spardose stecken). 5. ... kann einen Schlüssel in ein Schlüsselloch (Schrank) stecken und ihn drehen (das Schloss muss dabei nicht geöffnet werden). 6. ... kann mit einem Stift eine Linie entlangfahren und überschreitet diese dabei nicht wesentlich (Kind orientiert sich in der Bewegungsrichtung an der Linie). 7. ... kann aus Knetmasse einfache Formen (Schlangen, Kugeln) herstellen.	1. Das Kind kann Wasser aus einer kleinen Flasche oder aus einem Kännchen in einen Becher gießen, ohne dass das Wasser überläuft (z.B. beim Tischdecken bzw. gemeinsamen Essen). 2. ... kann mit einer Schere schneiden (z.B. eine Vorlage oder ein selbst gemaltes Objekt ungefähr entlang der Linien ausschneiden). 3. ... kann einen Stift so halten, dass es malen/schreiben kann (z.B. im Dreipunktgriff). 4. ... kann Knöpfe öffnen und schließen (z.B. an der eigenen Kleidung oder beim Anziehen einer Puppe). 5. ... kann einen Reißverschluss öffnen und schließen (z.B. an der eigenen Kleidung, an einer Tasche, einem Portemonnaie). 6. ... kann eine Schleife binden (z.B. Schnürsenkel an den Schuhen oder mit einem Seil). 7. ... kann Perlen präzise einfädeln. 8. ... kann eine Vorlage ausmalen und zeichnet dabei nicht über die Linien.

4.2.2 Sensorische Kompetenzen

Bevor detailliert dargestellt wird, welche Inhalte für die einzelnen sensorischen Kompetenzen ausgewählt wurden, soll noch einmal ihr Zusammenwirken beispielhaft erläutert werden: Wenn Kinder über einen Baumstamm balancieren, wird zuallererst ihr Gleichgewichtssinn (die vestibuläre Wahrnehmung) aktiviert. Darüber hinaus nehmen sie Informationen über viele andere Sinne auf: Über die im Körper liegenden Rezeptoren (Propriozeptoren), die für die Wahrnehmung der eigenen Bewegung zuständig sind, spüren sie, wie stark ihre Muskeln angespannt sind und wie sie die Arme zur Seite strecken müssen, um das Gleichgewicht zu halten (kinästhetische Wahrnehmung). Der Tastsinn erfühlt, ob die Baumrinde glatt oder rau ist (taktile Wahrnehmung). Das Ohr nimmt Geräusche in der Umgebung wahr (auditive Wahrnehmung). Die Augen geben Hinweise, ob der Baumstamm uneben ist, wie breit die Auflagefläche für die Füße ist, wenn der Stamm schmaler wird, und wann er zu Ende ist (visuelle Wahrnehmung). Schnell wird klar, wie unmittelbar und komplex unsere einzelnen Sinne zusammenwirken. Bei den folgenden Items handelt es sich daher um eine Auswahl wichtiger Bestandteile der sensorischen Kompetenzen.

Gleichgewicht

Das Balancieren über eine Mauer oder auch nur das Stehen bzw. Hüpfen auf einem Bein erfordert die Fähigkeit zur Erhaltung des Gleichgewichts. Meist werden die Arme intuitiv zur Seite gestreckt, um das Gewicht auf beiden Seiten gleich zu verteilen. Sogar das einfache Stehen im Raum gelingt nur, wenn man sich gegen die Schwerkraft der Erde behaupten kann. Die Fähigkeit zum Ausbalancieren des Gleichgewichts ist zum Beispiel auch notwendig, wenn Kinder sich auf unebenem Untergrund (Waldboden, Trampolin) bewegen und aktiv mit der Körperbewegung Unsicherheiten beim Gehen ausgleichen müssen. Beim Rollerfahren ist eine gut ausgebildete Gleichgewichtsfähigkeit unabdingbare Voraussetzung. Kinder lieben den Gleichgewichtssinn – das Schaukeln, Wippen, Sich-Drehen. Bewusst stellen sie ihn auf die Probe, wenn sie zum Beispiel auf Bordsteinkanten balancieren, auf Mauern steigen und darauf gehen, auf Rollbrettern oder einem Skateboard fahren. Neben der Balance des eigenen Körpers geht es auch um das Objektgleichgewicht: Können Objekte zum Beispiel auf dem Körper, der Hand balanciert werden?

Folgende Items wurden zur Beobachtung der Gleichgewichtsfähigkeit ausgewählt:

Tabelle 4: Items im Bereich Gleichgewicht

Gleichgewicht	
Kinder unter drei Jahren	**Kinder über drei Jahren**
1. Das Kind kann auf einem Bein stehen (ca. 3 Sekunden), versucht z.B., ein Bein kurz anzuheben und stehen zu bleiben, will so beim Anziehen helfen. 2. ... kann sicher über eine auf dem Boden aufgezeichnete Linie gehen und dabei die Richtung beibehalten. 3. ... kann balancieren (z.B. über eine breite Bank, im Bewegungsraum oder im Außengelände), stabilisiert dabei das Gleichgewicht durch seitliches Ausbreiten der Arme o.Ä.). 4. ... kann über ein Hindernis springen (z.B. über ein am Boden liegendes Seil, eine Teppichfliese) und danach wieder stehen bleiben (also den Schwung wieder auffangen). 5. ... kann einen mit Wasser gefüllten Becher (ca. ¾ voll) von einem Ort (Tisch) zu einem anderen tragen (ca. 2 m weit), ohne das Wasser zu verschütten (z.B. beim Tischdecken). 6. ... kann einen Gegenstand aus dem Stehen vom Boden aufheben und sich wieder aufrecht hinstellen (z.B. beim Einräumen von Gegenständen oder beim Spiel mit Kegeln).	1. Das Kind kann ca. 3 Sekunden auf einem Bein stehen (frei, ohne sich festzuhalten; z.B. bei Bewegungsspielen oder beim Anziehen). 2. ... kann sicher über eine auf dem Boden aufgezeichnete Linie gehen und dabei die Richtung beibehalten. 3. ... kann auf unebenem Untergrund gehen (z.B. auf einer Wiese, einer weichen Matte oder Matratze). 4. ... kann über eine breite Bank (z.B. im Bewegungsraum) oder über eine Mauer balancieren. 5. ... kann sich im Stehen um die eigene Körperachse drehen („Karussell“, eine Pirouette ausführen). 6. ... kann nach einem Sprung über ein Hindernis (z.B. ein am Boden liegendes Seil oder eine Teppichfliese) stehen bleiben. 7. ... kann einen Gegenstand auf dem Handteller balancieren (z.B. beim Tischdecken ein Holzbrettchen oder einen Plastikteller).

Taktil-kinästhetische Wahrnehmung

Fühlt sich ein Stoff rau oder glatt an, ist das Getränk in einer Flasche warm oder kalt? Durch das Tasten gewinnt das Kind Erkenntnisse zum Beispiel über die Oberflächenbeschaffenheit und über die Temperatur. Der Tastsinn ermöglicht, mit den Händen zu „sehen“, er dient auch dem Erkunden der Gegenstände – deswegen „müssen“ Kinder alles anfassen. Ob ein Gegenstand aber leicht oder schwer ist, kann nicht alleine mit dem Tastsinn herausgefunden werden. Dazu braucht das Kind „tiefer“ liegende Rezeptoren; sie befinden sich in den Muskeln, Sehnen und Gelenken und geben Rückmeldung zum Grad der Anspannung der Muskulatur (beim Anheben des Gegenstandes), zur Stellung der Gelenke oder auch zum Weg einer Bewegung. Wie viel Kraft muss man aufwenden, um einen schweren Stein aufzuheben? Kann man die Muskeln willentlich anspannen und wieder locker lassen? Wie muss man den Körper „klein“ machen, damit man an einem Hindernis, unter dem man sich hindurchwinden will, nicht anstößt? Wie muss der Druck auf einen Stift dosiert werden, damit ein Strich zwar sichtbar, das Papier aber nicht durchgedrückt wird? Wie muss die eigene Kraft dosiert werden, damit aus einer liebevoll gemeinten Umarmung nicht ein schmerzhaftes „Erdrücken“ wird? Hierzu liefert die kinästhetische Wahrnehmung die notwendigen Informationen.

Folgende Items wurden zur Beobachtung der taktil-kinästhetischen Wahrnehmung ausgewählt:

Tabelle 5: Items im Bereich taktil-kinästhetische Wahrnehmung

Taktil-kinästhetische Wahrnehmung	
Kinder unter drei Jahren	**Kinder über drei Jahren**
1. Das Kind kann Berührungen am eigenen Körper spüren und lokalisieren (z.B. beim Spiel „Die Mücke hat gepiekst – an welcher Stelle?“). 2. ... kann Oberflächen unterscheiden (z.B. rau, glatt; bei Fühlbüchern, Stoff oder bei verschiedenen Materialien wie Holz und Fliesen). 3. ... kann Gewichte unterscheiden (leicht, schwer, z.B. bei verschieden schweren Steinen). 4. ... kann die eigene Bewegung Hindernissen anpassen (z.B. sich „klein“ machen beim Hindurchwinden, im Bewegungsparcours, beim Verstecken unter niedrigen Stühlen). 5. ... kann seine Muskulatur willentlich anspannen und entspannen (z.B. bei Entspannungsspielen). 6. ... kann seine Körperkraft dosiert einsetzen (z.B. ein Kuscheltier oder ein anderes Kind streicheln).	1. Das Kind kann Oberflächen unterscheiden (z.B. rau, glatt; bei Stoff oder bei verschiedenen Materialien wie Holz und Fliesen). 2. ... kann Gewichte unterscheiden und z.B. von leicht bis schwer sortieren (etwa beim Kochen: Zutaten mit den Händen „abwiegen“). 3. ... kann sich unter Hindernissen hindurchwinden, ohne sie zu berühren (z.B. im Bewegungsparcours, beim Verstecken unter niedrigen Stühlen). 4. ... kann seine Muskulatur willentlich anspannen und entspannen (z.B. bei Entspannungsspielen). 5. ... kann seine Körperkraft dosiert einsetzen (z.B. beim Fangenspielen, kann „Anstupsen“ von „Hauen“ unterscheiden). 6. ... kann beim Malen den Druck auf den Stift angemessen dosieren.

Visuelle Wahrnehmung

Mithilfe der Augen und des Sehsinnes können Farbe und Form eines Gegenstandes erkannt werden, auch seine Entfernung lässt sich einschätzen. Dabei ist es auch möglich, andere Gegenstände, Personen etc. im Hintergrund dem Gegenstand unterzuordnen. Sich an einen Ort zu erinnern, an dem man schon einmal gewesen ist, sich die Dinge in der Umgebung einzuprägen, erfordert ein gutes visuelles Gedächtnis. Um ein Ziel zum Beispiel mit einem Ball zu treffen, benötigt das Kind nicht nur die Steuerungsfähigkeit der Bewegung, sondern auch die Fähigkeit zur visuellen Wahrnehmung (Koordination von Auge und Hand).

Folgend Items wurden zur Beobachtung der visuellen Wahrnehmung ausgewählt:

Tabelle 6: Items im Bereich visuelle Wahrnehmung

Visuelle Wahrnehmung	
Kinder unter drei Jahren	**Kinder über drei Jahren**
1. Das Kind kann Formen erkennen (z.B. Rechteck, Quadrat, Dreieck). 2. ... kann Farben erkennen. 3. ... kann in einem Suchbild einen einfachen Gegenstand (Ball) finden (z.B. in einem Wimmelbild). 4. ... kann Gesehenes wiedererkennen (z.B. eine Figur in Büchern, im Alltag, Bezugspersonen auf Fotos). 5. ... kann sich Gegenstände oder Verstecke im Raum merken (weiß z.B., wo bestimmte Dinge zu finden sind). 6. ... kann einen Luftballon mit der Hand in der Luft treffen.	1. Das Kind kann Formen und Farben erkennen (z.B. Rechtecke, Quadrate einer Vorlage zuordnen). 2. ... kann bei einem Puzzle die passenden Teile finden (ca. 16 bis 24 Teile). 3. ... kann sich Gegenstände oder Verstecke im Raum merken (weiß z.B., wo bestimmte Dinge zu finden sind). 4. ... kann Muster erkennen und Gegenstände danach ordnen (z.B. Bauklötze in unterschiedlichen Längen anordnen). 5. ... kann ein Muster mit Knöpfen oder Bausteinen nachlegen (erkennt, ob ein Gegenstand vor oder hinter einem anderen liegt). 6. ... kann einen Luftballon mit der Hand in der Luft treffen.

Auditive Wahrnehmung

Beim Vorlesen hört ein Kind nie allein die Stimme der pädagogischen Fachkraft; es werden immer auch Umgebungsgeräusche (die Stimmen der anderen Kinder, Türenschlagen, Musik, die im Hintergrund spielt) zu hören sein. Sich auf die Stimme des Vorlesenden zu konzentrieren, bei mehreren Geräuschen eines aus anderen heraushören zu können, zu hören aus welcher Richtung ein bestimmtes Geräusch kommt oder was ein Signal (klingeln, hupen) bedeutet – das alles sind Leistungen des auditiven Systems. Es ermöglicht auch, dass man sich eine Melodie, die man gehört hat, merken kann. Diese Kompetenzen sind nicht nur wichtig für die Konzentration, sondern auch für den Spracherwerb.

Folgende Items wurden zur Beobachtung der auditiven Wahrnehmung ausgewählt:

Tabelle 7: Items im Bereich auditive Wahrnehmung

Auditive Wahrnehmung	
Kinder unter drei Jahren	**Kinder über drei Jahren**
1. Das Kind kann Geräusche erkennen und sie bestimmten Gegenständen zuordnen (z.B. Telefon, Türklingel). 2. ... kann ein Geräusch lokalisieren/hören, aus welcher Richtung es kommt (z.B. schaut zur Tür, wenn geklopft wird). 3. ... kann auf vereinbarte akustische Signale reagieren (z.B. bei Klatschen loslaufen). 4. ... kann sich eine Zeit lang (ca. 5 Minuten) auf Gehörtes konzentrieren (z.B. auf eine kurze Geschichte, die erzählt wird). 5. ... kann eine bestimmte Geräuschquelle aus Nebengeräuschen heraushören (z.B. ein Signal, welches das Ende eines Spiels einläutet). 6. .... kann sich eine einfache Melodie merken und sie nachsummen.	1. Das Kind kann Geräusche erkennen und sie bestimmten Gegenständen zuordnen (z.B. Telefon, Türklingel). 2. ... kann ein Geräusch lokalisieren/hören, aus welcher Richtung es kommt (z.B. schaut zur Tür, wenn geklopft wird). 3. ... kann auf akustische Signale reagieren (z.B. bei Spielen wie „Feuer, Wasser, Sturm"). 4. ... kann eine bestimmte Geräuschquelle aus Nebengeräuschen heraushören (z.B. ein Signal, welches das Ende eines Spiels einläutet). 5. ... kann sich eine Melodie merken und nachsummen. 6. ... kann sich anhaltend auf Gehörtes konzentrieren (z.B. einem Reim oder einer Geschichte folgen, ohne dabei schnell abgelenkt zu sein).

4.2.3 Emotionale Kompetenzen

Bewegungssituationen beinhalten viele Möglichkeiten, Emotionen zu erleben, sich ihrer bewusst zu werden und sie zu regulieren bzw. damit umgehen zu lernen. Für die pädagogischen Fachkräfte bieten sich hier vielfältige Beobachtungsmöglichkeiten: Wie verhält sich das Kind, wenn es auf Schwierigkeiten bei der Bewältigung einer Aufgabe stößt? Lässt es sich nicht entmutigen, wenn es eine Bewegungsaufgabe nicht auf Anhieb lösen kann? Zeigt es beim Erreichen einer Aufgabe Gefühle wie Freude, wie drückt es diese aus? Kann es auch mit Wut, Ärger und Enttäuschung angemessen umgehen? Bei Bewegungsaufgaben muss das Kind manchmal auch seine eigenen Bedürfnisse zunächst zurückstellen. Kann es zum Beispiel aushalten, wenn es nicht zuerst an der Reihe ist? Spürt ein Kind, wenn ein anderes traurig ist, versucht es ihm zu helfen, wenn es eine Aufgabe noch nicht alleine schafft? Kann es mit anderen mitfühlen? Sich in die Gefühle anderer einfühlen heißt auch, zunächst einmal die eigenen Gefühle wahrzunehmen, sie zeigen zu können, sei es in der Körperhaltung, Mimik, Bewegung oder in der Sprache. Kann es auch negative Gefühle wie Ärger oder Wut angemessen ausdrücken? Kann es seine Gefühle regulieren, wenn es sich zum Beispiel geärgert hat, wütend ist? Kann es sich bei Aufregung oder Wut schnell wieder beruhigen oder sich an einen Erwachsenen wenden, wenn es selbst nicht mehr weiter weiß? Kann es seine eigenen Interessen und Bedürfnisse selbstsicher vertreten?

Folgende Items wurden zur Beobachtung der emotionalen Kompetenzen ausgewählt:

Tabelle 8: Items im Bereich emotionale Kompetenzen

Emotionale Kompetenzen	
Kinder unter drei Jahren	**Kinder über drei Jahren**
1. Das Kind hat Freude an Spiel und Bewegung, bewegt sich gerne (geht z.B. gerne nach draußen oder in den Bewegungsraum).	1. Das Kind hat Freude an Spiel und Bewegung, bewegt sich gerne (geht z.B. gerne nach draußen oder in den Bewegungsraum).
2. … ist aktiv und zeigt Initiative (macht z.B. Spielvorschläge in der Gruppe, hat Ideen beim Erproben von Spielmaterialien).	2. … ist aktiv und zeigt Initiative (macht z.B. Spielvorschläge in der Gruppe, hat Ideen beim Erproben von Spielmaterialien).
3. … wagt sich auch an schwierige/neue Aufgaben heran (z.B. beim Steigen auf eine Mauer oder beim Klettern am Klettergerüst).	3. … wagt sich auch an schwierige/neue Aufgaben heran (z.B. beim Klettern auf eine Leiter, am Klettergerüst oder beim Springen mit einem Seil).
4. … bleibt auch bei einem Misserfolg zuversichtlich (gibt nicht sofort auf, wenn es ihm z.B. nicht alleine gelingt, auf den Kasten zu klettern oder einen Turm zu bauen).	4. … bleibt auch bei einem Misserfolg zuversichtlich (gibt nicht sofort auf, wenn es ihm z.B. nicht alleine gelingt, auf den Kasten zu klettern oder einen Turm zu bauen).
5. … vertritt seine Wünsche und Bedürfnisse, widerspricht dabei auch einmal (schüttelt z.B. energisch den Kopf).	5. … kann sich in die Situation anderer hineinversetzen, handelt empathisch (mitfühlend, kann die Gefühle anderer verstehen).
6. … kann mit den eigenen Gefühlen umgehen, kann sie regulieren (z.B. sich bei Aufregung schnell wieder beruhigen, Ärger angemessen ausdrücken).	6. … kann die eigenen Bedürfnisse eine angemessene Zeit lang aufschieben (z.B. beim Mittagessen, wenn alle gemeinsam beginnen sollen).
7. … kann eigene Grenzen setzen, wenn etwas passiert, was es nicht mag (sagt z.B.: „Hör auf", „Lass das").	7. … kann eigene Grenzen setzen, wenn etwas passiert, was es nicht mag (sagt z.B.: „Hör auf", „Lass das").
	8. … kann mit den eigenen Gefühlen umgehen, kann sie regulieren (z.B. sich bei Aufregung schnell wieder beruhigen, Ärger angemessen ausdrücken).

4.2.4 Soziale Kompetenzen

Nicht nur die eigenen Gefühle gilt es, wahrzunehmen und damit umgehen zu lernen. Es ist auch wichtig, Gefühle anderer zu erkennen und sie im eigenen Verhalten zu berücksichtigen. Emotionale und soziale Kompetenzen sind oft eng miteinander verbunden und lassen sich nicht immer trennscharf voneinander unterscheiden: Findet ein Kind zum Beispiel leicht Kontakt zu anderen, kann es sich in eine Gruppe einordnen, versucht es, Konflikte zu lösen, ohne handgreiflich zu werden, geht es auch auf die die Ideen anderer Kinder ein, ist zu Kompromissen bereit? Dazu gehört zum Beispiel, dass ein Kind anderen das Spielzeug nicht wegnimmt, dass es bei bestimmten Tätigkeiten wartet, bis es an der Reihe ist, und sich nicht vordrängt oder anderen hilft, wenn sie auf Unterstützung angewiesen sind.

Folgende Items wurden zur Beobachtung der sozialen Kompetenzen ausgewählt:

Tabelle 9: Items im Bereich soziale Kompetenzen

Soziale Kompetenzen	
Kinder unter drei Jahren	**Kinder über drei Jahren**
1. Das Kind kann warten, bis es an der Reihe ist (z.B. in Gruppengesprächen, beim Essen oder Rutschen). 2. … fragt um Erlaubnis, wenn es etwas benutzen möchte, das jemand anderem gehört (z.B. das Spielzeug eines anderen Kindes). 3. … ist anderen gegenüber hilfsbereit (hilft anderen Kindern, teilt sein Spielzeug). 4. ... spielt mit einem anderen Kind mindestens 5 Minuten gemeinsam (z.B. Fangen, Verstecken, Rollenspiele). 5. … findet Kontakt zu anderen, ist aufgeschlossen. 6. … hält sich an Regeln und Vereinbarungen (im Alltag oder bei einem Spiel). 7. … geht auf die Spielideen anderer Kinder ein, ist zu Kompromissen bereit. 8. … kann auch die eigenen Bedürfnisse durchsetzen, verteidigt z.B. das eigene Spielzeug.	1. Das Kind kann warten, bis es an der Reihe ist (z.B. in Gruppengesprächen, beim Essen oder Rutschen). 2. … wird bei Konflikten mit anderen Kindern nicht handgreiflich (kann sich z.B. verbal wehren oder findet andere Möglichkeiten zur Lösung des Konfliktes). 3. … ist anderen gegenüber hilfsbereit (hilft anderen Kindern, teilt sein Spielzeug) 4. … findet leicht Kontakt zu anderen, ist aufgeschlossen (spricht z.B. andere an, ob es mitspielen kann). 5. … kann sich in die Gruppe einordnen, kooperiert mit anderen, kann Vorschläge anderer annehmen. 6. … hält sich an Regeln und Vereinbarungen (im Alltag oder bei einem Spiel). 7. … geht auf die Spielideen anderer Kinder ein (z.B. bei Spielvariationen), ist zu Kompromissen bereit. 8. … kann sich im Spiel auf verschiedene Rollen einlassen (Verkäufer, Feuerwehrmann etc.), ist nicht auf eine Rolle fixiert.

4.2.5 Kognitive Kompetenzen

Schon früh versuchen Kinder, Ursache-Wirkungs-Zusammenhänge zu erkennen. Ein Mobile mit der Hand in Bewegung versetzen oder mit dem Löffel auf dem Topfdeckel Geräusche erzeugen – das wiederholen Kinder immer wieder. Sie probieren aus, wie die Dinge in ihrer Umgebung funktionieren: Welche Gegenstände sinken in einem Wassereimer nach unten, welche bleiben oben? Kinder wollen die Welt ordnen, suchen nach Gesetzmäßigkeiten, sortieren die Dinge, die sie umgeben, gerne nach bestimmten Mustern, Farben, Größen. Dies sind Voraussetzungen für abstraktes, logisches Denken. Dabei sind Kinder aufmerksam und konzentriert, entwickeln Ideen oder Lösungen für Probleme, bauen dabei auf bereits gemachten Erfahrungen auf und erweitern ihr Wissen.

Folgende Items wurden zur Beobachtung der kognitiven Kompetenzen ausgewählt:

Tabelle 10: Items im Bereich kognitive Kompetenzen

Kognitive Kompetenzen	
Kinder unter drei Jahren	**Kinder über drei Jahren**
1. Das Kind kann sich über eine kurze Zeit (ca. 10 Minuten) gut konzentrieren und aufmerksam sein (z.B. beim Betrachten von Bilderbüchern, Zuhören bei Geschichten, im Spiel). 2. ... ist wissbegierig und interessiert (auch bei neuen, unbekannten Aufgaben). 3. ... erforscht neugierig die Funktion von Gegenständen (lässt z.B. einen Ball auf den Boden springen). 4. ... kann Dinge nach Farben, Formen oder Größen ordnen und sortieren (erkennt Muster, die sich wiederholen). 5. ... kann Gegenstände oder Lebewesen nach bestimmten Dimensionen zuordnen (alle Bälle sind rund oder alle Vögel können fliegen, haben zwei Beine oder Flügel). 6. ... versteht einfache Spielregeln (z.B. bei Fangspielen). 7. ... kann Handlungen planen (z.B. einen Turm aus Holzklötzen bauen: Zuerst kommen die großen Steine, dann die kleinen), geht zielgerichtet vor. 8. ... kann sich einzelne Strophen aus Liedern oder Textstellen aus Gedichten gut merken. 9. ... kann sich an Personen oder an frühere Ereignisse erinnern (z.B. an Essens- oder Begrüßungsrituale oder an Ereignisse vom Tag zuvor).	1. Das Kind kann sich eine Zeit lang gut konzentrieren und aufmerksam sein (z.B. beim Zuhören/Erzählen von Geschichten, im Spiel). 2. ... ist wissbegierig und interessiert (auch bei neuen, unbekannten Aufgaben, fragt nach). 3. ... findet Strategien zur Lösung eines Problems (wenn sich z.B. zwei Kinder um ein Spielgerät streiten). 4. ... hat eigene Spielideen (variiert bestehende Spiele oder denkt sich selbst Spiele aus). 5. ... kann Dinge nach Farben, Formen oder Größen ordnen und sortieren (erkennt Muster, die sich z.B. auf einem Bild wiederholen). 6. ... kann Gegenstände oder Lebewesen nach bestimmten Dimensionen zuordnen (alle Bälle sind rund oder alle Vögel können fliegen, haben zwei Beine oder Flügel). 7. ... versteht Spielregeln (z.B. bei Fangspielen), kann sie bei Bedarf anpassen (wenn z.B. jüngere Kinder mitspielen). 8. ... kann Handlungen planen (Was müssen wir zuerst tun, wenn wir eine Höhle bauen wollen?), geht zielgerichtet vor. 9. ... kann sich einzelne Strophen aus Liedern oder Textstellen aus Gedichten gut merken.

5. Durchführung und Auswertung

MotorikPlus dient der prozessbegleitenden Beobachtung der Entwicklung von Kindern ab dem vollendeten ersten Lebensjahr bis zum sechsten Lebensjahr. Bei **MotorikPlus** wird nicht der aktuelle Entwicklungsstand festgehalten, im Fokus stehen vielmehr die Begleitung und Dokumentation des individuellen Entwicklungsverlaufs eines Kindes. Um den Entwicklungsprozess begleiten und unterstützen zu können, sollte einmal jährlich beobachtet und dokumentiert werden. In besonderen Fällen (z.B. wenn Beeinträchtigungen in bestimmten Bereichen erkannt wurden) ist eine halbjährliche Beobachtung ratsam.

5.1 Allgemeine Hinweise zur Durchführung

MotorikPlus wurde für den pädagogischen Alltag konzipiert und ist für die Anwendung durch pädagogische Fachkräfte bestimmt. Die Durchführung von **MotorikPlus** umfasst zum einen die Beobachtung und zum anderen die Dokumentation der in den Protokollbögen beschriebenen Beobachtungsaufgaben. Die unterschiedlichen Items repräsentieren alltägliche Situationen der pädagogischen Arbeit, aber auch gezielte Aufgabenstellungen, die jedoch in spielerische Situationen eingekleidet werden. Die Protokollbögen können sowohl während als auch nach der Beobachtung (z.B. am Ende des Tages) und ebenfalls über einen längeren Zeitraum ausgefüllt werden.

Hinweise für die pädagogische Fachkraft

Bevor Sie mit der Beobachtung beginnen, sollten Sie sich mit den Inhalten und den Beobachtungsbögen vertraut gemacht haben. Wenn Sie die Gelegenheit hatten, eine Fortbildung zu **MotorikPlus** zu besuchen, haben Sie bereits eine hilfreiche Basis erworben; das Beobachtungsverfahren ist jedoch auch zur autodidaktischen Einarbeitung geeignet. Am besten beschäftigen Sie sich gemeinsam im Team mit **MotorikPlus,** vielleicht hat auch eine/r Ihrer Kolleginnen oder Kollegen eine motopädagogische oder psychomotorische Zusatzausbildung. So können Sie bei Fragen auf dieses Expertenwissen zurückgreifen.

Es hat sich bewährt, zunächst einmal ein oder zwei Kinder mit **MotorikPlus** zu beobachten, am besten gemeinsam mit einer Kollegin oder einem Kollegen, sodass Sie sich austauschen und bei Unsicherheiten auch die Beobachtungen der/des anderen berücksichtigen können. Auf diese Weise gelingt es Ihnen auch, Unterschiede in der Wahnehmung des Kindes zu reflektieren. Ebenso ist es möglich, einzelne Bereiche zu dokumentieren.

Das Kind, das Sie beobachten wollen, sollte gut in der Kindertageseinrichtung eingewöhnt sein. Sie sollten das Kind auch schon recht gut kennen.

Beim Ausfüllen der Protokollbögen ist darauf zu achten, die Items weder aufgrund einer globalen Einschätzung noch mittels der Beobachtung einer einzelnen Situation zu bewerten. Vielmehr sollte der Zeitraum der letzten vier Wochen mit unterschiedlichen Beobachtungssituationen als Grundlage der Dokumentation dienen. Dazu wird empfohlen, während der Beobachtung Beispielsituationen zu notieren.

Begleiten Sie in dieser Zeit das Kind mit besonderer Aufmerksamkeit. Die Items bzw. Beobachtungsaufgaben können auf Basis der längerfristigen Beobachtung und Begleitung des Kindes eingeschätzt werden. Ebenso können auch Spielsituationen so gestaltet werden, dass sie für die Beobachtung genutzt werden können. Dazu werden in Kapitel 8 Hinweise mit konkreten Spielvorschlägen, die sich für eine Beobachtung eignen, gegeben. Die Beobachtung sollte ausdrücklich im Rahmen authentischer Alltagssituationen erfolgen, die für das Kind sinnvolle Tätigkeiten darstellen. Diese sollten so gestaltet sein, dass das Kind gerne mitmacht und sich mit Freude an den Spielideen beteiligt.

Geben Sie den Kolleginnen und Kollegen im Team die Möglichkeit, sich an den Beobachtungen zu beteiligen und Einblick in Ihre Aufzeichnungen zu nehmen. Die Notizen sollten auch ergänzt werden können, um die Perspektive eines anderen auf das Verhalten des Kindes einzubeziehen.

Im Anschluss an die Beobachtung und Dokumentation kann eine qualitative Auswertung der individuellen Fähigkeiten des Kindes vorgenommen werden. Darüber hinaus ist auf der Basis der Summenwerte in den einzelnen Bereichen und deren Einordnung in eine Normtabelle (siehe Anhang) eine quantitative Auswertung möglich.

Altersbezogene Versionen von MotorikPlus
Zur Beobachtung und Dokumentation stehen zwei Versionen von **MotorikPlus** zur Verfügung. Je nach Alter des Kindes wird entweder die **MotorikPlus-U3-Version** oder die **MotorikPlus-Ü3-Version** verwendet:

- Kinder im Alter von 1;0–3;5 Jahren: **MotorikPlus**-U3-Protokollbogen

- Kinder im Alter von 3;0–6;11 Jahren: **MotorikPlus**-Ü3-Protokollbogen

Die Überschneidung der Altersbereiche wurde bewusst gewählt, da die Entwicklung individuell sehr unterschiedlich verläuft. Die pädagogische Fachkraft kann ein dreijähiges Kind entweder mit dem Bogen für Kinder unter drei Jahren oder auch für Kinder über drei Jahren beobachten – je nachdem, wie sie das Kind aufgrund ihrer bisherigen Erfahrungen einschätzt. Wenn sich herausstellt, dass die Beobachtungsaufgaben für das Kind zu leicht sind, bei den meisten Fragen also die Punktzahl 4 vergeben wird, kann die pädagogische Fachkraft den Bogen für die älteren Kinder nutzen. Erscheinen die Beobachtungsaufgaben hingegen zu schwer, ist es genauso möglich, den Bogen für die jüngeren Kinder zu verwenden.

Das Beobachtungsverfahren dient nicht der Früherkennung von motorischen Auffälligkeiten, die einzelnen Fragen stellen auch keine Entwicklungsziele dar, die die Kinder im Idealfall möglichst schon erreicht haben sollen. Ebenso wenig sollte angestrebt werden, dass die Kinder durch Üben möglichst bald die höchste Kompetenzstufe erreichen. Die Items haben unterschiedliche Schwierigkeitsgrade, sind aber nicht nach Schwierigkeiten gestaffelt. Jüngere Kinder werden in der Regel anders abschneiden als ältere. Da gerade bei den motorischen Kompetenzen eine hohe Variabilität besteht, kann es durchaus sein, dass ein vierjähriges Kind eine Situation bewältigt, die ein anderes fünfjähriges Kind noch nicht beherrscht. Wichtiger als der Vergleich der Kinder untereinander ist der individuelle Entwicklungsprozess des einzelnen Kindes in den jeweiligen Kompetenzbereichen.

Die Erfahrungen aus der Erprobungsphase legen nahe, für die Beobachtung bestimmte Zeiträume festzulegen; so werden zum Beispiel in der Kita-Gruppe die Kinder, die in diesem Monat Geburtstag haben, über einen Zeitraum von rund vier Wochen beobachtet. Das hat den Vorteil, dass sich die Beobachtung der Kinder in der Gruppe über das ganze Jahr verteilt und in der Regel immer nur zwei bis drei Kinder gleichzeitig intensiver beobachtet werden.

Zur Protokollierung der Beobachtungen
Zur Eintragung der Beobachtungsergebnisse wurde in **MotorikPlus** eine Skala von „4“ (trifft voll und ganz zu) bis „1“ (trifft noch nicht zu) gewählt. Auf eine fünfstufige Skala wurde absichtlich verzichtet, damit die Beobachterinnen und Beobachter ihre Einschätzung nicht auf eine mittlere, neutrale Antwortkategorie beschränken können (Tendenz zur Mitte; Moosbrugger & Kelava 2020).

Bewusst wurde auch die Antwort „trifft **noch** nicht zu“ formuliert; sie soll darauf hinweisen, dass das Kind vielleicht etwas länger braucht, um bestimmte Entwicklungsschritte zu erreichen. Natürlich weisen Vierjährige andere Kompetenzen auf als sechsjährige Kinder. Deswegen wird bei jüngeren Kindern häufiger die Einschätzung notwendig sein, dass das Kind „noch (gar) nicht“ über die angegebene Fähigkeit verfügt. Das ist jedoch weder ein Hinweis auf eine Entwicklungsauffälligkeit, noch liegt eine Retardierung vor. Es kann ganz einfach daran liegen, dass das Kind normalerweise diese Stufe in seinem Alter noch nicht erreicht.

Da es bei der Beobachtung mit **MotorikPlus** weniger um den augenblicklichen Ist-Stand des Kindes, sondern mehr um den Prozess der Entwicklung geht, sind pro Item mehrere Zeilen für **aufeinanderfolgende Beobachtungszeitpunkte** zum Ankreuzen vorgegeben (siehe Abbildung 3). Bei jährlicher Beobachtung kann ein Bogen über drei Jahre verwendet werden. Zusätzlich besteht durch die Wahl unterschiedlicher Farben die Möglichkeit, weitere Beobachtungszeitpunkte abzubilden. Wird die Beobachtung auf diese Weise in bestimmten Abständen wiederholt, werden Veränderungen im Entwicklungsverlauf deutlich – insbesondere, wenn bei der ersten Beobachtung auch einmal „trifft noch nicht zu“ gewählt wurde. **Individuelle Besonderheiten des Kindes** können zudem in dem Bogen auch in der rechten Spalte aufgezeichnet werden. Ist zum Beispiel bei der Aussage „Kind kann Treppen hoch- und herabsteigen“ die Einschätzung „trifft noch nicht zu“ angegeben, kann in der Kommentarspalte stehen: „Kriecht die Treppe noch auf allen Vieren rückwärts herunter.“

Das Kind ...	Zeitraum	trifft voll und ganz zu			trifft noch nicht zu	Erläuterungen, Beispielsituationen o.Ä.
		4	3	2	1	
3) ... kann Treppenstufen hoch- und herabsteigen (mit Nachstellschritten und Festhalten am Geländer).	1	○	○	○	○	
	2	○	○	○	○	
	3	○	○	○	○	

Abbildung 3: Exemplarische Darstellung der drei Ankreuzmöglichkeiten pro Item

Hinweise für die pädagogische Fachkraft

Bei **MotorikPlus** handelt es sich um ein Beobachtungsverfahren, das auf Einschätzungen basiert. Beobachtungen, die Sie zu den jeweiligen Entwicklungsbereichen machen, werden zu Einschätzungen zusammengefasst. Manche Fragen können Sie unmittelbar beantworten, weil Sie die betreffende Kompetenz im Alltag häufig bei einem Kind beobachten konnten (z.B. Treppensteigen).

Andere Fähigkeiten tauchen im Alltag nicht ohne Weiteres auf. Sie müssen sie „provozieren", hervorrufen, indem Sie ein entsprechendes Spiel anbieten oder eine Aufgabe stellen. Versuchen Sie, diese Situation so spielerisch wie möglich zu gestalten. Das Kind sollte sich nicht unter Druck fühlen. Tragen Sie dann Ihre Beobachtungen in die Randspalte „Erläuterungen, Beispielsituationen o.Ä." ein.

5.2 Auswertung und Interpretation

Die Beobachtungen können sowohl qualitativ als auch quantitativ ausgewertet werden. Während bei der **qualitativ orientierten Auswertung** die individuelle Entwicklung der Kompetenzbereiche des Kindes im Vordergrund steht, kann im Rahmen der **quantitativen Auswertung** ein Profil erstellt werden, welches Aufschluss darüber gibt, wo sich das Kind – entweder im Vergleich zu vorangegangenen Beobachtungszeiträumen oder im Vergleich zu Kindern seiner Altersgruppe – befindet.

5.2.1 Qualitative (beschreibende) Auswertung

Ziel der qualitativen Auswertung ist es, differenzierte Erkenntnisse über die individuellen Kompetenzen eines Kindes in den unterschiedlichen Entwicklungsbereichen zu erhalten. Auf Grundlage dieser Erkenntnisse können dann konkrete pädagogische Maßnahmen abgeleitet werden. Bei der qualitativen Auswertung sollten die einzelnen Items näher analysiert werden. Hierbei sind auch die Erläuterungen und Beispielsituationen, die handschriftlich auf dem Protokollbogen festgehalten wurden, von besonderer Bedeutung. Sie geben detailliert Aufschluss darüber, welche konkreten Beobachtungen die pädagogische Fachkraft in der Praxis gemacht hat. Sie zeigen auf, welche Interessen das Kind hat, deuten jedoch auch auf mögliche Schwierigkeiten hin, die es bei der Bewältigung bestimmter Anforderungen hat. Diese Ressourcen, Interessen und Schwierigkeiten – also die zentralen Erkenntnisse der Beobachtung – sollten im Abschnitt „In diesem Bereich wurde beobachtet", der sich an jede Skala anschließt, festgehalten werden. Außerdem können erste Überlegungen für die Gestaltung von Bewegungsbildungssituationen im Abschnitt „Daraus folgt für die alltägliche Praxis" angestellt werden.

Beispiel für eine qualitative Auswertung

Im folgenden Protokollbogen von Theo (4;8 Jahre) zeigt sich, dass die Items der Skala „Koordination" sehr unterschiedlich bewertet wurden. Somit lässt sich folgern, dass er bereits Kompetenzen in diesem Bereich erworben hat und einige Entwicklungsschritte aktuell anstehen.

Koordination

Das Kind …	Zeitraum	trifft voll und ganz zu			trifft noch nicht zu	**Erläuterungen, Beispielsituationen o.Ä.**
		4	3	2	1	
1) … kann sicher rückwärtsgehen (mindestens 5 Schritte; z.B. bei Bewegungsspielen, in denen zum Rückwärtsbewegen aufgefordert wird).	1 2 3	○ ○ ○	○ ○ ○	⊗ ○ ○	○ ○ ○	dreht sich meist um, um sich zu vergewissern, geht seitwärts
2) … kann im Wechselschritt Treppen steigen (alternierend rechts und links).	1 2 3	⊗ ○ ○	○ ○ ○	○ ○ ○	○ ○ ○	steigt Treppen schnell hoch, runter springt er meist von der vorletzten Stufe
3) … kann sicher auf einem Roller fahren (auf einem Bein stehen, sich mit dem anderen abstoßen).	1 2 3	○ ○ ○	○ ○ ○	○ ○ ○	⊗ ○ ○	fährt am liebsten Kettcar o. andere Fahrzeuge mit 3 oder 4 Rädern
4) … kann beim Laufen die Richtung schnell ändern (seitwärts, vor- und rückwärts, z.B. beim Ausweichen bei Fangspielen).	1 2 3	○ ○ ○	○ ○ ○	○ ○ ○	⊗ ○ ○	nur vorwärts, läuft eher schneller statt auszuweichen
5) … kann einen großen, leichten Ball mit beiden Händen auffangen (dabei ggf. unterstützend den Körper zur Hilfe nehmen).	1 2 3	○ ○ ○	⊗ ○ ○	○ ○ ○	○ ○ ○	Körperfangen
6) … kann einhändig mit einem kleinen Ball (z.B. Tennisball) auf ein Ziel treffen (Tor, Zielscheibe, Dose o.Ä.).	1 2 3	○ ○ ○	⊗ ○ ○	○ ○ ○	○ ○ ○	Wirft gerne und oft mit kleinem Ball, kann größere Ziele sicher treffen
7) … kann schaukeln (im Sitzen), kann den Anschwung beim Schaukeln verstärken und bremsen (holt z.B. Schwung, indem es Oberkörper und Beine entsprechend vorwärts und rückwärts bewegt).	1 2 3	○ ○ ○	⊗ ○ ○	○ ○ ○	○ ○ ○	Schaukelt gerne, fragt dabei aber oft: Kannst du mich anschubsen, schaukelt nicht hoch
8) … kann den Hampelmannsprung ausführen (Arm- und Beinbewegungen koordinieren, rhythmisches Springen), schafft mindestens zwei Hampelmannsprünge.	1 2 3	○ ○ ○	○ ○ ○	⊗ ○ ○	○ ○ ○	Beim Hampelmann springt er mit den Füßen in die Grätsche, bleibt dann stehen und führt die Arme nach oben

In diesem Bereich wurde beobachtet:	**Daraus folgt für den pädagogischen Alltag:**
Theo liebt schnelles Rennen, Treppensteigen,	Theo ermuntern, auch mal die Fahrgeräte
kann sich aber nicht gut im Raum orientieren	zu wechseln (Laufrad), Spiele zur Orientierung im
	Raum anbieten

Abbildung 4: Exemplarische Darstellung einer qualitativen Auswertung

Sofern die Fokussierung der Beobachtung oder auch die Planung der anschließenden Begleitung und Unterstützung schwerfallen, könnten die folgenden Reflexionsfragen die qualitative Auswertung erleichtern.

Reflexionsfragen zur qualitativen Auswertung

Ebene des Kindes

- ☑ Welche Entwicklungsschritte hat das Kind bereits vollzogen? Was wurde im Rahmen der letzten Beobachtung dokumentiert?
- ☑ Mit welchen Entwicklungsschritten setzt sich das Kind nach wie vor auseinander? Was hat sich im Vergleich zur letzten Beobachtung verändert?
- ☑ Welche Entwicklungsschritte sind aktuell beobachtbar? Bei welchen Aktivitäten zeigt das Kind Interesse, ist motiviert und engagiert sich?
- ☑ In welchen Entwicklungsschritten beginnt das Kind, Kompetenzen zu erlangen? Welche Erfahrungen macht es momentan zum ersten Mal?
- ☑ Welche Entwicklungsschritte sind bei dem Kind als nächstes relevant? Welche stehen eventuell erst zu einem späteren Zeitpunkt an?

Ebene der Fachkraft

- ☑ Welche Unterstützung wurde seit der letzten Beobachtung umgesetzt? Mithilfe welcher Methoden hat sich das Kind weiterentwickelt? Welche Angebote haben das Interesse des Kindes geweckt?
- ☑ Welche Unterstützung ist aktuell für das Kind relevant und passend? Welche angebotenen Situationen sucht das Kind häufig auf? Welche Spiele gefallen dem Kind besonders gut?
- ☑ Wie kann die aktuelle Unterstützung verbessert werden? Welche Angebote sollen zukünftig im Bildungsprozess des Kindes mehr Berücksichtigung finden?
- ☑ Welche Herausforderungen braucht das Kind oder welche Materialangebote, um nächste Entwicklungsschritte zu gehen?

In Anlehnung an die genannten Reflexionsfragen könnte Theos Entwicklung im Bereich der motorischen Kompetenzen wie folgt beschrieben werden:

Beispiel für eine qualitative Auswertung (Theo 4;8 Jahre)

Theo zeigte zur ersten Beobachtung bereits einige Stärken in seinen koordinativen Kompetenzen, zum Beispiel gelingt ihm das Treppensteigen in der Kita und auch im Außengelände ausnahmslos spielend. Ebenso schaukelt er gerne und bittet dabei öfter noch andere Kinder oder die pädagogischen Fachkräfte, ihn anzuschubsen. Auch wird er immer kompetenter im Umgang mit Bällen: Während er bereits sicher mit dem Körper Bälle auffangen kann, ist das Auffangen mit den Händen oder auch das Treffen kleinerer Ziele für ihn noch herausfordernd. Ebenso erwirbt er gerade erste Kompetenzen im Rückwärtsgehen, sieht sich hierbei jedoch öfter um, da es für ihn wichtig ist, Kontrolle und Sicherheit zu bewahren. Beim Hampelmannsprung zeigt er Interesse und vermag es bereits, in die Grätsche zu springen. Das schnelle Ändern der Laufrichtung oder auch das Fahren mit dem Roller gelingt Theo aktuell noch nicht. Dabei kann auf bereits bestehenden Kompetenzen aufgebaut werden, zum Beispiel, dass Theo gerne an Laufspielen teilnimmt, andere Fahrzeuge gerne nutzt und im Allgemeinen Freude an Bewegung hat. In der weiteren Begleitung von Theo sollte daher darauf geachtet werden, seine Orientierung im Raum, zum Beispiel durch Bewegungsspiele, zu stärken und ebenfalls die Verwendung anderer Fahrgeräte wiederholt anzubieten.

Im Anschluss an die Beobachtung können solche Erkenntnisse skizzenhaft im Abschnitt „In diesem Bereich wurde beobachtet" eingetragen oder – wenn ein Dokumentationsbericht geschrieben werden soll – zusätzlich festgehalten werden. Außerdem können im Abschnitt „Daraus folgt für den pädagogischen Alltag" erste Überlegungen zur anschließenden Unterstützung von Theo in seinen motorischen Kompetenzen angestellt werden. Dabei werden zunächst eigene Ideen notiert, und bei Bedarf kann auch auf die Anregungen zur Gestaltung von Bewegungssituationen, die in Kapitel 8 enthalten sind, zurückgegriffen werden.

5.2.2 *Quantitative (rechnerische) Auswertung*

Die quantitative Auswertung der Kompetenzen erfolgt in drei Schritten. Zunächst werden Summenwerte der entsprechenden Skalen gebildet **(Schritt 1):** Dazu können entweder alle Kreuze, die in einem Bereich gesetzt wurden, addiert werden oder aber zunächst in die Auswertungsschablonen, die sich in den Bögen an die Dokumentation anschließen, übertragen und dann summiert werden. In einem weiteren Schritt müssen die zu den jeweiligen Summenwerten zugehörigen Norm- bzw. Orientierungswerte (in **MotorikPlus** werden T-Werte angegeben, vgl. Abbildung 5) aus den im Anhang zur Verfügung stehenden Tabellen ausgewählt werden **(Schritt 2).** Diese geben Aufschluss darüber, wie die gebildeten Summenwerte eines Kindes im Vergleich zu gleichaltrigen Kindern zu interpretieren sind (siehe Kapitel 7.1). Abschließend können diese Summenwerte dann in das Entwicklungs- und Kompetenzprofil am Ende der Bögen übertragen werden **(Schritt 3).**

Beispiel für eine quantitative Auswertung (Theo 4;8 Jahre)

In Theos Protokollbogen ergibt sich für den Bereich „Koordination" ein Summenrohwert von 19 (Schritt 1). Als nächstes wird aus der zugehörigen Tabelle im Anhang der T-Wert ausgewählt: Dabei ist zunächst darauf zu achten, dass die richtige Tabelle genutzt wird. Theo wurde mit **MotorikPlus-Ü3** beobachtet und ist zum Zeitpunkt der Beobachtung 4;8 Jahre alt. Somit ist die **„Normtabelle MotorikPlus-Ü3: Kinder im Alter von 4;0-4;11 Jahren (N = 117)"** zu wählen. In den ersten beiden Spalten finden sich unter „KO" die Summenrohwerte und T-Werte der koordinativen Kompetenzen. Hier ergibt sich bei einem Summenrohwert von 19 ein T-Wert von 40 (Schritt 2) (siehe Abbildung 6, Tabelle 1). Dieser kann nun abschließend in das Entwicklungs- und Kompetenzprofil am Ende von Theos Protokollbogen eingetragen werden (Schritt 3).

In **MotorikPlus** stehen, zugehörig zu den gebildeten Summenwerten, T-Werte zur Verfügung, um beurteilen zu können, ob die jeweiligen Kompetenzen des Kindes der Norm entsprechen oder von der Norm abweichend entwickelt sind. Generell sind unterschiedliche Wege der Klassifikation von Ergebnissen möglich und gültig (vgl. Moosbrugger & Kelava 2020). In **MotorikPlus** wurden T-Werte bestimmt, die – im Gegensatz zu sogenannten „Cut-Off"- oder Grenzwerten – einerseits einen differenzierten Vergleich mit den Ergebnissen gleichaltriger Kinder ermöglichen und andererseits eine detaillierte Aussage über den individuellen Entwicklungsverlauf aufzeigen können. In Anlehnung an Maßstäbe der Verfahrenskonstruktion und Diagnostik wird für die **MotorikPlus**-Skalen folgende Interpretation der T-Werte vorgenommen:

T-Wert	Interpretation	%
≥ 60	Überdurchschnittlich bis sehr gut entwickelte Kompetenz	bis 100%
40–59	Durchschnittlich entwickelte Kompetenz	bis 84%
≤ 39	Unterdurchschnittlich entwickelte Kompetenz (zusätzliche Unterstützung erwägen)	bis 16%

Abbildung 5: Interpretation der T-Werte

Beim Übertragen der T-Werte in das Entwicklungs- und Kompetenzprofil wird empfohlen, die einzelnen Dokumentationszeiträume mit unterschiedlichen Farben einzutragen, sodass der individuelle Entwicklungsverlauf direkt ersichtlich ist.

Auswertungsschablone: MotorikPlus-Ü3-Version

Bildung der Summenwerte (Drei- bis Sechsjährige)

Koordination	Items	Summe Rohwert	T-Wert
1. Zeitpunkt	1: 2, 2: 4, 3: 1, 4: 1, 5: 3, 6: 3, 7: 3, 8: 2	19	40
2. Zeitpunkt	1:___, 2:___, 3:___, 4:___, 5:___, 6:___, 7:___, 8:___		
3. Zeitpunkt	1:___, 2:___, 3:___, 4:___, 5:___, 6:___, 7:___, 8:___		

Tabelle 1: Normtabelle MotorikPlus-Ü3: Kinder im Alter von 4;0–4;11 Jahren (N = 117)

Summenrohwerte & T-Werte MotorikPlus-Ü3: 4;0–4;11 Jahre																			
KO		KA		FM		GG		TKW		VW		AW		EK		SK		KK	
RW	T	RW	T	RW	T	RW	T	RW	T	RW	T	RW	T	RW	T	RW	T	RW	T
8	12	6	24	8	13	7	1	6	24	6	9	6	3	8	8	8	9	9	15
9	15	7	26	9	24	8	5	7	28	7	13	7	6	9	12	9	12	10	18
10	24	8	28	10	26	9	8	8	30	8	24	8	10	10	15	10	15	11	21
11	28	9	31	11	26	10	10	9	31	9	28	9	13	11	17	11	24	12	27
12	30	10	34	12	28	11	24	10	33	12	31	10	16	12	19	12	26	13	30
13	30	11	35	13	30	12	26	11	34	13	34	11	26	13	27	13	26	14	32
14	30	12	36	14	32	13	28	12	36	14	36	12	31	14	29	14	29	15	33
15	32	13	37	15	34	14	31	13	38	15	38	13	32	15	31	15	31	16	34
16	34	14	38	16	35	15	32	14	40	16	40	14	34	16	33	16	32	17	35
17	36	15	40	17	36	16	33	15	41	17	42	15	36	17	33	17	32	18	36
18	38	16	42	18	38	17	34	16	43	18	44	16	37	18	35	18	34	19	37
19	40	17	44	19	41	18	35	17	45	19	46	17	39	19	36	19	38	20	38
20	41	18	45	20	43	19	37	18	47	20	49	18	40	20	38	20	40	21	40
21	42	19	47	21	45	20	39	19	49	21	51	19	43	21	41	21	41	22	41
22	43	20	48	22	47	21	41	20	52	22	54	20	46	22	44	22	42	23	42
23	43	21	50	23	49	22	41	21	55	23	57	21	49	23	46	23	43	24	44

Abbildung 6: Exemplarische Darstellung der quantitativen Auswertung

Anmerkungen: KO = Koordination, KA = Kraft, Ausdauer; FM = Feinmotorik, GG = Gleichgewicht, TKW = Taktil-kinasthetische Wahrnehmung, VW = Visuelle Wahrnehmung, AW = Auditive Wahrnehmung, EK = Emotionale Kompetenzen, SK = Soziale Kompetenzen, KK = Kognitive Kompetenzen

6. Gütekriterien

Im Prozess der Erprobung von **MotorikPlus** wurde das Verfahren auf Basis der klassischen Testtheorie wissenschaftlich untersucht. Im Folgenden werden sowohl gängige Gütekriterien (Objektivität, Reliabilität und Validität) (Döring & Bortz 2016; Moosbrugger & Kelava 2020) als auch Nebengütekriterien, die für den Anwendungskontext – den pädagogischen Alltag – bedeutsam sind, diskutiert.

6.1 Objektivität

Beobachtungsverfahren sind objektiv, wenn unterschiedliche Anwender sie in gleicher Weise durchführen, auswerten und interpretieren (Moosbrugger & Kelava 2020). Im Hinblick auf den Alltag in Kindertageseinrichtungen sollten demnach unterschiedliche pädagogische Fachkräfte die in **MotorikPlus** enthaltenen Entwicklungs- und Kompetenzbereiche übereinstimmend beobachten, dokumentierten und interpretieren (Zimmer 2019d). **MotorikPlus** beinhaltet Items, die leicht verständlich sind und darüber hinaus durch alltagsnahe Beispiele genauer charakterisiert werden. Zum Beispiel: MotorikPlus-Ü3 – Feinmotorik: Item 3: „Das Kind kann Knöpfe öffnen und schließen (z.B. an der eigenen Kleidung oder beim Anziehen einer Puppe)". Ebenso finden sich detaillierte Beschreibungen der zu beobachtenden Entwicklungs- und Kompetenzbereiche im vorliegenden Manual (vgl. Kapitel 2 & 4). Dadurch kann angenommen werden, dass die Entwicklungsschritte, die in den Beobachtungsaufgaben erfragt werden, von unterschiedlichen pädagogischen Fachkräften einheitlich gedeutet und durchgeführt werden (Moosbrugger & Kelava 2020). Im Hinblick auf die Dokumentation und Interpretation sind sowohl Auswertungsschablonen als auch Norm- und Orientierungstabellen in **MotorikPlus** enthalten, sodass Auswertung und Interpretation intersubjektiv gleich ausfallen sollten.

6.2 Reliabilität

Beobachtungsverfahren sind reliabel, wenn die zu beobachtenden Merkmale – in **MotorikPlus** die Entwicklungs- und Kompetenzbereiche – zuverlässig dokumentiert und nicht von situativen Bedingungen (z.B. Tageszeit, Verhalten des Kindes, Beziehung zwischen pädagogischer Fachkraft und Kind) beeinflusst werden (Moosbrugger & Kelava 2020; Zimmer 2019d). Zur Bestimmung der Reliabilität wurden **Cronbach-α-Koeffizienten** (als Maß für die interne Konsistenz der einzelnen Entwicklungs- und Kompetenzbereiche) für die unterschiedlichen Altersgruppen (Norm- und Orientierungsstichproben) berechnet (vgl. Tabellen 22 bis 27).

Die Cronbach-α-Koeffizienten fielen sowohl für **MotorikPlus-U3** (mit einer Ausnahme) als auch für **MotorikPlus-Ü3** akzeptabel bis exzellent (Blanz 2015) aus (**MotorikPlus-U3:** Median Cronbachs α = .82, α-Range .67 - .91; **MotorikPlus-Ü3:** Median Cronbachs α = .85, α-Range .78 - .94; vgl. Tabelle 11 bis 12).

Zusätzlich wurden **Itemschwierigkeiten** und **Trennschärfen** berechnet, die eine zufriedenstellende Differenzierungsfähigkeit annehmen lassen: So ist zu beobachten, dass die Items für die Kinder mit zunehmendem Alter leichter werden. Damit bilden sie auch den (erwartbaren) Kompetenzzuwachs in den jeweiligen Altersstufen ab (Macha, Proske & Petermann 2005). Die korrigierten Trennschärfen weisen größtenteils hohe Werte auf (r_{itk} > .50; vgl. Tabellen 13 bis 14). Wenige Items wurden entgegen Empfehlungen zu statistischen Kennwerten aufgrund ihrer inhaltlichen Bedeutsamkeit beibehalten. Insgesamt sind die Items so konstruiert, dass sie pro Entwicklungs- und Kompetenzbereich Ähnliches erfassen und angemessen zwischen Kindern mit eher geringen und solchen mit eher hohen Kompetenzen unterscheiden (Moosbrugger & Kelava 2020).

Tabelle 11: MotorikPlus-U3: Interne Konsistenz (Cronbach-α-Koeffizient) der Entwicklungs- und Kompetenzbereiche der 1;0- bis 1;11-jährigen, 2;0- bis 2;11-jährigen und 3;0- bis 3;5-jährigen Kinder

Entwicklungs- bzw. Kompetenzbereich	1;0–1;11 Jahre (N = 42)	2;0–2;11 Jahre (N = 100)	3;0–3;5 Jahre (N = 38)
Koordination	0.86	0.74	0.67
Kraft, Ausdauer	0.79	0.74	0.86
Feinmotorik	0.79	0.75	0.72
Gleichgewicht	0.89	0.8	0.74
Taktil-kinästhetische Wahrnehmung	0.69	0.8	0.82

Entwicklungs- bzw. Kompetenzbereich	1;0–1;11 Jahre (N = 42)	2;0–2;11 Jahre (N = 100)	3;0–3;5 Jahre (N = 38)
Visuelle Wahrnehmung	0.79	0.83	0.84
Auditive Wahrnehmung	0.85	0.85	0.83
Emotionale Kompetenzen	0.83	0.8	0.82
Soziale Kompetenzen	0.82	0.85	0.85
Kognitive Kompetenzen	0.88	0.91	0.88

Tabelle 12: MotorikPlus-Ü3: Interne Konsistenz (Cronbach-α-Koeffizient) der Entwicklungs- und Kompetenzbereiche der 3;0- bis 3;11-jährigen, 4;0- bis 4;11-jährigen, 5;0- bis 5;11-jährigen und 6;0- bis 6;11-jährigen Kinder

Entwicklungs- bzw. Kompetenzbereich	3;0–3;11 Jahre (N = 90)	4;0–4;11 Jahre (N = 117)	5;0–5;11 Jahre (N = 105)	6;0–6;11 Jahre (N = 40)
Koordination	0.86	0.85	0.86	0.84
Kraft, Ausdauer	0.88	0.86	0.82	0.83
Feinmotorik	0.81	0.81	0.84	0.85
Gleichgewicht	0.91	0.85	0.87	0.94
Taktil-kinästhetische Wahrnehmung	0.83	0.85	0.78	0.88
Visuelle Wahrnehmung	0.83	0.81	0.85	0.85
Auditive Wahrnehmung	0.85	0.84	0.78	0.88
Emotionale Kompetenzen	0.88	0.81	0.83	0.86
Soziale Kompetenzen	0.92	0.85	0.87	0.88
Kognitive Kompetenzen	0.92	0.9	0.91	0.93

Tabelle 13: MotorikPlus-U3: Itemschwierigkeiten und Trennschärfen der Entwicklungs- und Kompetenzbereiche im Überblick

Entwicklungs- bzw. Kompetenzbereich	1;0–1;11 Jahre (N = 42)		2;0–2;11 Jahre (N = 100)		3;0–3;5 Jahre (N = 38)	
	Pm	*Ritk*	*Pm*	*Ritk*	*Pm*	*Ritk*
Koordination	.36 - .85	.42 - .76	.68 - .97	.33 - .57	.76 - .98	.33 - .57
Kraft, Ausdauer	.36 - .79	.53 - .70	.70 - .84	.36 - .68	.74 - .90	.57 - .82
Feinmotorik	.29 - .78	.40 - .68	.54 - .90	.25 - .64	.66 - .95	.14 - .77
Gleichgewicht	.37 - .82	.56 - .84	.69 - .93	.32 - .65	.83 - .96	.15 - .65
Taktil-kinästhetische Wahrnehmung	.41 - .67	.30 -.64	.61 - .85	.44 - .63	.70 - .85	.43 - .79
Visuelle Wahrnehmung	.35 - .69	.42 - .65	.58 - .90	.55 - .65	.61 - .93	.47 - .72
Auditive Wahrnehmung	.34 - .80	.45 - .73	.67 - .91	.57 - .70	.76 - .91	.46 - .76
Emotionale Kompetenzen	.55 - .90	.26 - .73	.36 - .66	.67 - .93	.62 - .96	.33 - .71
Soziale Kompetenzen	.36 - .70	.36 - .81	.53 - .81	.33 - .80	.60 - .87	.33 - .73
Kognitive Kompetenzen	.33 - .78	.44 - .73	.57 - .82	.64 - .77	.59 -.88	.37 - .80

Anmerkungen: *Pm* = Itemschwierigkeit für mehrstufige Antworten nach Fisseni (1990), *Ritk* = korrigierte Trennschärfe

Tabelle 14: MotorikPlus-Ü3: Itemschwierigkeiten und Trennschärfen der Entwicklungs- und Kompetenzbereiche im Überblick

Entwicklungs- bzw. Kompetenzbereich	3;0–3;11 Jahre (N = 90)		4;0–4;11 Jahre (N = 117)		5;0–5;11 Jahre (N = 105)		6;0–6;11 Jahre (N = 40)	
	Pm	*ritk*	*Pm*	*ritk*	*Pm*	*Ritk*	*Pm*	*ritk*
Koordination	.43 - .77	.47 - .71	.62 - .89	.48 - .67	.75 - .94	.55 - .68	.80 - .98	.40 - .76
Kraft, Ausdauer	.58 - .75	.64 - .76	.75 - .85	.55 - .73	.84 - .91	.43 - .74	.88 - .96	.54 - .70
Feinmotorik	.26 - .82	.29 - .68	.33 - .90	.20 - .68	.44 - .94	.39 - .75	.48 - .95	.32 - .80
Gleichgewicht	.69 - .88	.67 - .76	.81 - .95	.55 - .71	.88 - .96	.61 - .70	.68 - .94	.91 - .96
Taktil-kinästhetische Wahrnehmung	.57 - .70	.51 - .69	.72 - .81	.54 - .76	.88 - .84	.43 - .64	.84 - .89	.54 - .78
Visuelle Wahrnehmung	.62 - .81	.50 - .70	.75 - .89	.54 - .78	.90 - .93	.40 - .76	.88 - .95	.54 - .77
Auditive Wahrnehmung	.68 - .88	.50 - .77	.76 - .93	.55 - .75	.84 - .95	.37 - .66	.76 - .96	.61 - .86
Emotionale Kompetenzen	.61 - .90	.40 - .75	.67 - .95	.32 - .72	.77 - .97	.28 - .75	.73 - .96	.45 - .83
Soziale Kompetenzen	.67 - .73	.58 - .89	.78 - .83	.50 - .76	.81 - .87	.40 - .80	.81 - .88	.42 - .78
Kognitive Kompetenzen	.53 - .72	.53 - .82	.66 - .83	.63 - .74	.79 - .91	.59 - .80	.78 - .91	.64 - .86

Anmerkungen: *Pm* = Itemschwierigkeit für mehrstufige Antworten nach Fisseni (1990), *Ritk* = korrigierte Trennschärfe

6.3 Validität

Ein Verfahren wird als valide oder gültig bezeichnet, wenn es die Kompetenzen dokumentiert, die es zu dokumentieren beabsichtigt (Moosbrugger & Kelava 2020). Dabei kann zum Beispiel die inhaltliche Gültigkeit angenommen werden, wenn die ausgewählten Beobachtungsitems eine „repräsentative Stichprobe" aus der Vielzahl möglicher Items darstellen (ebd., S. 15). Im Rahmen der Konstruktion von **MotorikPlus** wurden viele weitere Test- und Beobachtungsverfahren gesichtet – darunter wissenschaftlich geprüfte Instrumente wie der „Motoriktest für Vier- bis Sechsjährige" (MOT 4–6) (Zimmer 2015), das Verfahren „Begleitende alltagsintegrierte Sprachentwicklungsbeobachtung in Kindertageseinrichtungen" (BaSiK) (Zimmer 2019d), „Kuno Bellers Entwicklungstabelle" (Beller & Beller 2010), die „Grenzsteine der Entwicklung" (Laewen 2009) sowie das Verfahren „Kompetenzen und Interessen von Kindern" (KOMPIK) (Mayr, Bauer & Krause 2014) – und eine Schnittmenge an Items berücksichtigt. Ebenso wurde das Verfahren in der Erprobungsphase von Expertinnen und Experten begutachtet (darunter sowohl Wissenschaftler*innen der Sport- und Erziehungswissenschaften, Motologie und Psychologie als auch Fachberatungen, pädagogische Fachkräfte und Motopäd*innen) und hinsichtlich der Inhalte, Struktur und Praxistauglichkeit als geeignet eingestuft. Insgesamt kann daher die inhaltliche Validität von **MotorikPlus** angenommen werden.

Darüber hinaus konnten in der Erprobung auch erste Ergebnisse gewonnen werden, die Hinweise auf die Konstruktvalidität von **MotorikPlus** geben. Dazu wurden Zusammenhänge mit dem Verfahren MOT 4–6 (Zimmer 2015) geprüft, welches unter anderem auch die Koordinationsfähigkeit, feinmotorische Geschicklichkeit und das Gleichgewichtsvermögen erhebt (konvergente Validität; Moosbrugger & Kelava 2020). An einer Stichprobe von acht Kindern wurden Korrelationen zwischen den in **MotorikPlus** enthaltenen Entwicklungs- und Kompetenzbereichen und des Motorikquotienten aus dem MOT 4–6 (Zimmer 2015) berechnet. Dabei resultierten signifikante-hochsignifikante Korrelationen in die erwartete Richtung (einseitige Signifikanztestung). Aufgrund der sehr kleinen Stichprobe sind diese Ergebnisse noch kein Beleg für die Konstruktvalidität der **MotorikPlus-Ü3-Version,** liefern dazu jedoch erste statistische Hinweise (siehe Tabelle 15).

Tabelle 15: Korrelationen zwischen den Entwicklungs- und Kompetenzbereichen aus MotorikPlus und dem Motorikquotienten aus dem MOT 4–6 (Zimmer 2016)

	T-Werte MotorikPlus (Entwicklungs- und Kompetenzbereiche)									
	KO	KA	FM	GG	TKW	VW	AW	EK	SK	KK
MQ MOT 4-6	.956**	.834**	.750*	.795**	.762*	.713*	.827*	.653*	.712*	.775*

Anmerkungen: KO = Koordination, KA = Kraft, Ausdauer; FM = Feinmotorik, GG = Gleichgewicht, TKW = Taktil-kinästhetische Wahrnehmung, VW = Visuelle Wahrnehmung, AW = Auditive Wahrnehmung, EK = Emotionale Kompetenzen, SK = Soziale Kompetenzen, KK = Kognitive Kompetenzen, (*) = $p < .1$, * = $p < .05$. ** = $p < .01$

Der durch **MotorikPlus** erfasste und mit dem Altersanstieg einhergehende Kompetenzzuwachs der Kinder (vgl. Tabellen 13 und 14) liefert nach Macha et al. (2005) zusätzlich einen Hinweis auf die zufriedenstellende Konstruktvalidität der Verfahren.

6.4 Nebengütekriterien

Bei der Beurteilung der Qualität eines Verfahrens sollte auch die Passung zum Anwendungskontext berücksichtigt werden. Da **MotorikPlus** im Alltag von Kindertageseinrichtungen prozessbegleitend eingesetzt werden soll, wurden im Rahmen der Erprobung auch Rückmeldungen bezüglich der Umsetzung eingeholt. Dabei war von besonderem Interesse, wie Praktikabilität und Zeitaufwand eingeschätzt wurden.

Es konnte eine leichte Variabilität beobachtet werden: Im Hinblick auf die Praktikabilität wurde angegeben, dass sowohl „alles direkt beobachtbar bzw. ankreuzbar gewesen sei" als auch einzelne Items „erst noch beobachtet werden müssten". Da in der Anwendung von **MotorikPlus** ein Beobachtungszeitraum von vier Wochen empfohlen wird, ist Letzteres nicht kritisch, sondern eher als Bestandteil gewissenhafter Dokumentationspraxis zu werten. Bezüglich des zeitlichen Aufwandes wurde – je nachdem, ob alle oder nur ausgewählte Bereiche beobachtet wurden – eine Zeitspanne von circa 10 bis 40 Minuten pro Kind rückgemeldet. Dabei ist anzumerken, dass in der Anwendung die Auswahl bestimmter Kompetenzbereiche durchaus möglich ist (vgl. Kapitel 5). Somit können Praktikabilität und Zeitaufwand als angemessen bewertet werden. Die Auswertung und Interpretation werden durch die Auswertungsschablone sowie die Norm- und Orientierungstabellen strukturiert und erleichtert. Zudem bieten die mehrfachen Ankreuzmöglichkeiten und das Profilblatt die Möglichkeit, die Entwicklungs- und Kompetenzbereiche übersichtlich und im Vergleich zu früheren Beobachtungszeitpunkten darzustellen. Praktikerinnen und Praktiker lobten zusätzlich, dass mit der Anwendung der Verfahren keine Testsituation einherging, sondern die Kinder in ihrem gewohnten Umfeld beobachtet werden konnten. Insgesamt kann **MotorikPlus** damit als ökonomisch und zumutbar bewertet werden.

Ein weiteres Qualitätsmerkmal von **MotorikPlus** liegt in der Nützlichkeit des Beobachtungsverfahrens: So wurde es in Ergänzung zum Verfahren **BaSiK** (Zimmer 2019d), welches bundesweit in Kindertageseinrichtungen eingesetzt wird, entwickelt. Werden beide Verfahren kombiniert, kann die kindliche Entwicklung ganzheitlich beobachtet werden. Damit zählen **BaSiK** und **MotorikPlus** zu den wenigen systematischen Beobachtungsverfahren, die eine ganzheitliche und differenzierte Dokumentation der kindlichen Entwicklung erlauben.

7. Stichprobenanalyse und Normierung

In die Normierung von **MotorikPlus** gingen Beobachtungen von insgesamt 490 Kindern im Alter von 1;0 bis 6;11 Jahren aus knapp über 100[2] Kindertageseinrichtungen bzw. Einrichtungen der Tagespflege ein, die sich auf zehn Bundesländer verteilten. 212 der Kinder waren Mädchen, 241 Jungen und bei drei Kindern wurde ein diverses Geschlecht berichtet (bei 34 Kindern fehlte die Angabe zum Geschlecht). Dabei wurden 138 Kinder mit **MotorikPlus-U3** beobachtet, während die Entwicklungs- und Kompetenzbereiche von 352 Kindern mit **MotorikPlus-Ü3** dokumentiert wurden. Tabelle 16 informiert über die Alters- bzw. Jahresstufen und die Geschlechterverteilung in den Stichproben, die mit **MotorikPlus-U3** oder **MotorikPlus-Ü3** beobachtet wurden.

Tabelle 16: Alter und Geschlecht der Kinder der Stichproben in MotorikPlus-U3 und MotorikPlus-Ü3

MotorikPlus-U3				MotorikPlus-Ü3			
Alter		**Geschlecht**		**Alter**		**Geschlecht**	
2;0–2;11 Jahre	100	**weiblich** **männlich** **divers**	49 50 1	**3;0–3;11 Jahre**	90	**weiblich** **männlich** **fehlend**	35 40 15
3;0–3;5 Jahre	38	**weiblich** **männlich** **fehlend**	15 21 2	**4;0–4;11 Jahre**	117	**weiblich** **männlich** **fehlend**	54 50 13
				5;0–5;11 Jahre	105	**weiblich** **männlich** **divers** **fehlend**	42 59 1 3
				6;0–6;11 Jahre	40	**weiblich** **männlich** **divers** **fehlend**	17 21 1 1

7.1 Normierung von MotorikPlus

Im Prozess der Normierung von **MotorikPlus** wurden zunächst Varianzanalysen durchgeführt, die Aufschluss über die Bedeutsamkeit einzelner Faktoren geben sollten. Bei der Prüfung von Voraussetzungen konnten in Bezug auf einzelne Entwicklungs- und Kompetenzbereiche Abweichungen beobachtet werden (Normalverteilung, Varianzhomogenität). Da Varianzanalysen jedoch „weitgehend robust" gegenüber Verletzungen ihrer Voraussetzungen sind (Rasch et al. 2014, S. 31), konnten diese Abweichungen vernachlässigt werden.

Für **MotorikPlus-U3** wurde anhand einer zweifaktoriellen Varianzanalyse geprüft, ob geschlechtsbedingte (1. Faktor) Unterschiede in den Entwicklungs- und Kompetenzbereichen zwischen den verschiedenen Altersgruppen (2. Faktor) der Kinder (siehe Tabelle 16) bestehen. Die Ergebnisse wiesen – mit Ausnahme eines tendenziell signifikanten Haupteffekts – auf hochsignifikante Haupteffekte des Alters der Kinder in allen Entwicklungs- und Kompetenzbereichen hin[3]. Dagegen resultierten für den Faktor Geschlecht keine signifikanten Haupteffekte (siehe Tabelle 17).

Darüber hinaus wurde in einer weiteren einfaktoriellen Varianzanalyse untersucht, ob ebenfalls Unterschiede vorliegen, wenn das Alter der Kinder weiter in Halbjahresstufen differenziert wird. Die Post-hoc-Tests wiesen auf keine signifikanten Unterschiede zwischen den jeweils angrenzenden Halbjahresstufen hin.

2 Manche Beobachtungen wurden einrichtungsübergreifend vom Träger bzw. von Fachberatungen übermittelt, sodass die Anzahl der beteiligten Kindertageseinrichtungen wahrscheinlich höher lag. Die obige Angabe bezieht sich auf die untere Grenze.

3 Um einer Kumulierung des Alpha-Fehlers entgegenzuwirken, wurde das Signifikanzniveau bei allen Varianzanalysen fortlaufend nach Bonferroni-Holm korrigiert (Bender & Lange 1999; Hemmerich 2016; Holm 1979).

Die Zusammenschau der Befunde ließ bei **MotorikPlus-U3** eine Normierung nach Jahresstufen als geeignet erscheinen[4]. Es ist anzumerken, dass keine Normierung für einjährige Kinder erstellt wurde, da in diesem Alter die „normale" Entwicklung sehr variabel verläuft und für deren Einschätzung man sich maximal an bestimmten Markern orientieren sollte (Zimmer 2019d). **MotorikPlus-U3** eignet sich dennoch zur Beobachtung einjähriger Kinder, da die Entwicklungs- und Kompetenzbereiche auch in dieser Altersgruppe zuverlässig bzw. in sich konsistent dokumentiert wurden (siehe Kapitel 6.2).

Tabelle 17: MotorikPlus-U3: Zweifaktorielle Varianzanalyse mit den Faktoren „Alter in Jahresstufen" und „Geschlecht"

Entwicklungs- und Kompetenzbereich	Alter in Jahresstufen		Geschlecht	
	F (df)	*p*	*F (df)*	*p*
Koordination	52.93 (2, 114)	<.001	0.46 (1, 114)	> .1
Kraft, Ausdauer	40.23 (2, 114)	<.001	2.82 (1, 114)	> .1
Feinmotorik	47.44 (2, 114)	<.001	3.96 (1, 114)	> .1
Gleichgewicht	40.75 (2, 114)	<.001	1.89 (1, 114)	> .1
Taktil-kinästhetische Wahrnehmung	24.37 (2, 114)	<.001	2.18 (1, 114)	> .1
Visuelle Wahrnehmung	24.31 (2, 114)	<.001	0.00 (1, 114)	> .1
Auditive Wahrnehmung	21.10 (2, 114)	<.001	1.38 (1, 114)	> .1
Emotionale Kompetenzen	5.19 (2, 114)	<.1	3.33 (1, 114)	> .1
Soziale Kompetenzen	17.84 (2, 114)	<.001	5.38 (1, 114)	> .1
Kognitive Kompetenzen	19.17 (2, 114)	<.001	4.55 (1, 114)	> .1

Anmerkungen: F = Teststatistik, df = Freiheitsgrade, p = Irrtumswahrscheinlichkeit

Tabelle 18: MotorikPlus-U3: Mittelwerte und Standardabweichungen der Norm- bzw. Orientierungsgruppen

Entwicklungs- und Kompetenzbereich	2;0–2;11 Jahre (N = 100)		3;0–3;5 Jahre (N = 38)	
	M	*SD*	*M*	*SD*
Koordination	28.11	3.62	29.75	2.60
Kraft, Ausdauer	18.93	3.89	20.40	3.94
Feinmotorik	20.60	4.11	23.41	3.50
Gleichgewicht	19.01	4.02	21.00	3.09
Taktil-kinästhetische Wahrnehmung	17.29	4.23	18.66	4.12
Visuelle Wahrnehmung	18.17	4.50	19.77	4.03
Auditive Wahrnehmung	18.80	4.51	19.84	4.09
Emotionale Kompetenzen	21.08	4.41	21.49	4.75
Soziale Kompetenzen	22.11	5.74	24.03	5.23
Kognitive Kompetenzen	24.70	7.30	28.31	6.27

Anmerkungen: M = Mittelwert, SD = Standardabweichung

4 Die Verteilungen der Summenwerte wurden sowohl mittels Kolmogorov-Smirnov-Tests als auch anhand visueller Inspektion auf das Vorliegen einer Normalverteilung überprüft (Diehl & Staufenbiel 2007). Diejenigen Verteilungen, die linksschief ausfielen, wurden durch eine Flächentransformation (McCall) normalisiert. Dieses Vorgehen ist angemessen, wenn sich erklären lässt, warum die erhobenen Merkmale – d. h. bei **MotorikPlus** die Entwicklungs- und Kompetenzbereiche – in der Erprobungsstichprobe zu leicht ausfielen (Moosbrugger & Kelava 2020). Gründe könnten z.B. in der freiwilligen Teilnahme der Einrichtungen, die in der Regel die Beobachtung ausgewählter, einzelner Kinder umfasste, bestehen. Es kann angenommen werden, dass zugunsten eines geringeren Dokumentationsaufwandes vor allem kompetente Kinder beobachtet wurden. Fehlende Rohwerte wurden im Rahmen der Flächentransformationen sowie durch Interpolation bestimmt.

Im Hinblick auf **MotorikPlus-Ü3** wurde ebenfalls eine zweifaktorielle Varianzanalyse (Geschlecht[5], Alter) gerechnet. Dabei ergaben sich hochsignifikante Effekte des Alters in allen Entwicklungs- und Kompetenzbereichen, während nur ein signifikanter Effekt des Geschlechts im Bereich der Feinmotorik gefunden wurde (vgl. Tabelle 19).

Erneut wurde in einer zusätzlichen einfaktoriellen Varianzanalyse untersucht, ob die Berücksichtigung von Halbjahresstufen ebenfalls Unterschiede in den Entwicklungs- und Kompetenzbereichen bedingt. Die Post-hoc-Tests wiesen auf keine signifikanten Unterschiede zwischen angrenzenden Halbjahresstufen hin. Diesen Befunden folgend wurde bei **MotorikPlus-Ü3** wie bei **MotorikPlus-U3** eine Normierung nach Jahresstufen vorgenommen.[6]

Tabelle 19: MotorikPlus-Ü3: Zweifaktorielle Varianzanalyse mit den Faktoren „Alter in Jahresstufen" und „Geschlecht"

Entwicklungs- und Kompetenzbereich	Alter in Jahresstufen		Geschlecht	
	F (df)	*p*	*F (df)*	*p*
Koordination	26.44 (3, 231)	<.001	5.12 (1, 231)	> .1
Kraft, Ausdauer	14.52 (3, 231)	<.001	0.22 (1, 231)	> .1
Feinmotorik	36.23 (3, 231)	<.001	9.13 (1, 231)	< .05
Gleichgewicht	13.04 (3, 231)	<.001	0.39 (1, 231)	> .1
Taktil-kinästhetische Wahrnehmung	19.48 (3, 231)	<.001	1.81 (1, 231)	> .1
Visuelle Wahrnehmung	15.63 (3, 231)	<.001	0.72 (1, 231)	> .1
Auditive Wahrnehmung	9.39 (3, 231)	<.001	0.72 (1, 231)	> .1
Emotionale Kompetenzen	7.17 (3, 231)	<.001	2.03 (1, 231)	> .1
Soziale Kompetenzen	6.48 (3, 231)	<.001	2.42 (1, 231)	> .1
Kognitive Kompetenzen	14.71 (3, 231)	<.001	1.25 (1, 231)	> .1

Anmerkungen: F = Teststatistik, df = Freiheitsgrade, p = Irrtumswahrscheinlichkeit

Tabelle 20: MotorikPlus-Ü3: Mittelwerte und Standardabweichungen der Norm- bzw. Orientierungsgruppen

Entwicklungs- und Kompetenzbereich	3;0–3;11 Jahre (N = 90)		4;0–4;11 Jahre (N = 117)		5;0–5;11 Jahre (N = 105)		6;0–6;11 Jahre (N = 40)	
	M	*SD*	*M*	*SD*	*M*	*SD*	*M*	*SD*
Koordination	21.03	5.84	25.04	4.93	28.10	4.11	28.76	3.89
Kraft, Ausdauer	16.79	5.10	19.39	4.24	21.07	3.33	21.97	2.84
Feinmotorik	18.47	4.82	23.29	4.31	26.00	4.58	27.08	4.38
Gleichgewicht	21.44	5.56	24.48	3.52	25.64	2.96	26.16	3.64
Taktil-kinästhetische Wahrnehmung	15.59	4.46	18.33	4.01	20.66	3.14	20.78	3.73
Visuelle Wahrnehmung	17.67	4.29	19.76	3.58	21.98	2.84	22.08	2.85
Auditive Wahrnehmung	18.59	4.32	20.59	3.25	22.03	2.40	21.34	3.30
Emotionale Kompetenzen	22.61	5.75	24.76	4.30	26.79	4.28	26.68	4.30
Soziale Kompetenzen	22.88	6.58	25.87	4.68	27.28	4.79	26.84	4.22
Kognitive Kompetenzen	23.84	7.25	28.06	5.95	31.56	5.02	30.84	6.13

Anmerkungen: M = Mittelwert, SD = Standardabweichung

5 Da das Vorliegen eines diversen Geschlechts nur bei drei Beobachtungen angegeben wurde, wurde dieses aus den Analysen ausgeschlossen.

6 Erneut wurden Verteilungen, die nach Inspektion linksschief ausfielen, durch eine Flächentransformation (McCall) normalisiert und fehlende Rohwerte hierin sowie durch Interpolation bestimmt.

7.2 Zusätzlich erhobene Merkmale

Darüber hinaus wurde auch erhoben, ob Kinder bereits Unterstützung im Bereich Bewegung und Wahrnehmung erhielten (**MotorikPlus-U3:** N = 17, **MotorikPlus-Ü3:** N = 57), eine medizinisch diagnostizierte Entwicklungsstörung aufwiesen (**MotorikPlus-U3:** N = 5, **MotorikPlus-Ü3:** N = 22) oder ein Bewegungsangebot außerhalb der Kita wahrnahmen (**MotorikPlus-U3:** N = 24, **MotorikPlus-Ü3:** N = 109). Innerhalb des Normierungsprozesses wurden Kinder mit medizinisch diagnostizierter Entwicklungsstörung ausgeschlossen (N = 27). Die anderen erhobenen Merkmale führten nicht zu einem Ausschluss weiterer Beobachtungen, um die Heterogenität des pädagogischen Alltags in den Norm- bzw. Orientierungsgruppen aufgreifen zu können.

7.3 Zusammenfassung der Normierung

Zusammenfassend legten die Befunde für beide Versionen von **MotorikPlus** eine Normierung nach Jahresstufen nahe (**MotorikPlus-U3:** 2;0–2;11 vs. 3;00–3;5, **MotorikPlus-Ü3:** 3;0–3;11 vs. 4;0–4;11 vs. 5;0–5;11 vs. 6;0–6;11). Da die Stichprobengrößen nicht in allen Altersstufen ausreichten, um Normen zu bestimmen, wurden die Vergleichswerte hier in sogenannten „Orientierungstabellen" aufgeführt. Dies betrifft die Kinder im Alter von 3;0–3;5 Jahren in **MotorikPlus-U3** sowie die Kinder von 3;0–3;11 Jahren und 6;0–6;11 Jahren in **MotorikPlus-Ü3**.

Teil III

8. Zur Gestaltung eines bewegungsfreundlichen Alltags

Der Bildungsbereich Bewegung umfasst in Kindertageseinrichtungen sowohl situative Gelegenheiten, die sich durch eine bewegungsfreundliche Raumgestaltung und eine unterstützende Haltung der pädagogischen Fachkräfte ergeben, als auch offene Bewegungsangebote, die den Kindern in Form von Bewegungslandschaften oder frei zugänglichen Bewegungsräumen zur Verfügung stehen. Darüber hinaus ist auch die angeleitete Bewegungserziehung von Bedeutung, die regelmäßig von den pädagogischen Fachkräften angeboten wird und eine eher intentionale Ausrichtung der pädagogischen Zielvorstellungen aufweist (Heim 2008; Payr & Woll 2012; Schwarz 2014; Ungerer-Röhrich et al. 2015; Zimmer 2020).

Ein bewegungsfreundlicher Alltag in der Einrichtung gibt den Kindern viele Gelegenheiten für körperlich-sinnliche Erfahrungen, die zur Stärkung sowohl der motorischen und sensorischen als auch der emotionalen, sozialen und kognitiven Kompetenzen beitragen. Dieses Kapitel geht auf die unmittelbare Verbindung von Beobachtung und Förderung bzw. Unterstützung und Begleitung ein. Den dahinterstehenden Anspruch, Beobachtung und Bildung bzw. Förderung nicht zu trennen und hintereinander zu schalten, sondern Beobachtung in eine bildungsrelevante Praxissituation einzubinden, hat auch **BaSiK** (Zimmer 2019d), das prozessbegleitende, alltagsintegrierte Beobachtungsverfahren für die sprachliche Entwicklung von Kindern.

8.1. Offene Bewegungsangebote

Viele Beobachtungsaufgaben in **MotorikPlus** sind im Alltag der Kindertageseinrichtung umzusetzen. Treppensteigen, Knöpfe öffnen und schließen, Wasser in ein Glas eingießen und an einen entfernten Tisch tragen – hierzu bedarf es keiner gesonderten Angebote. Es bedarf der aufmerksamen Beobachtung der pädagogischen Fachkraft, die die jeweiligen Aktivitäten der Kinder begleitet und sich dazu Notizen macht.

Die Pädagogin oder der Pädagoge kann jedoch auch bewusst Spielarrangements gestalten, in denen die im Fokus stehenden Kompetenzen eine besondere Rolle spielen, also noch gezielter zu beobachten sind. Gleichzeitig dienen die Spiel- und Bewegungsangebote dazu, die Kompetenzen zu erweitern.

Gut geeignet sind hier Spielsituationen, die zwar thematisch eingegrenzt, aber doch offen für individuelle Lösungen der Kinder sind. Ein Beispiel ist die „Bewegungslandschaft", ein offenes Bewegungsangebot, das von den Kindern mitgestaltet und vor allem mit sinnhaften Spielsituationen verbunden werden kann. Die Grundidee der Bewegungslandschaft besteht darin, einen Raum (den Bewegungsraum in der Kita, die Eingangshalle, sogar den Gruppenraum) so zu gestalten, dass er wie eine Landschaft vielfältige motorische Herausforderungen bietet: Gräben zum Überspringen (Matten, die in unterschiedlichem Abstand zueinander auf dem Boden liegen), Hügel zum Hochsteigen und Herabspringen (Kästen in unterschiedlicher Höhe), Stege und Brücken zum Balancieren (Bänke, Bretter und Holzlatten). Die Geräte werden so miteinander kombiniert und durch Kleinmaterialien ergänzt, dass sich verschiedene Ebenen, unterschiedliche materiale Untergründe, Hindernisse mit verschiedenen Schwierigkeitsgraden ergeben (Bierögel & Hemming 2010; Ungerer-Röhrich et al. 2015; Zimmer 2020). Die Kinder wählen selbst aus, welches der Geräte sie nutzen, welche Höhe oder welche Stufe sie sich zutrauen, wo und wann sie etwas allein oder mit anderen ausprobieren wollen. Meistens verbinden sie die Bewegungslandschaft mit bestimmten Themen oder auch mit Rollenspielen (Zirkus, Zoo, Baustelle, Urwald etc.).

Bewegungslandschaften können ganz auf die individuellen Bedürfnisse von Kindern verschiedener Altersstufen abgestimmt werden. Für jüngere Kinder werden sie „bodennah" gestaltet. Mit Decken, Kissen, Matten, flachen Kästen und Schaumstoffblöcken bieten sie erste Herausforderungen bereits im Krabbelalter. Hier erfahren Kinder die Beschaffenheit verschiedener Untergründe, überwinden Hindernisse, kriechen durch Tunnel und krabbeln über Kissenberge, verstecken sich unter Tüchern (Zimmer 2014).

Die Bewegungslandschaft ermöglicht der pädagogischen Fachkraft die Beobachtung vieler in **MotorikPlus** aufgeführter Kompetenzen.

8.2 Beispiele für strukturierte Bewegungsangebote

Über die offenen Situationen hinaus können auch strukturiertere Spiel- und Bewegungsangebote gestaltet werden. Im Folgenden werden Beispiele vorgestellt, die sich auf die in **MotorikPlus** aufgeführten Kompetenzen beziehen. Für jeden Kompetenzbereich werden zwei bis drei Beispiele beschrieben.

Es handelt sich hierbei um konkrete Spielideen und Vorschläge, die der pädagogischen Fachkraft als Anregung für die praktische Arbeit dienen können. Zwar steht jeweils eine ausgewählte Kompetenz im Vordergrund, gleichzeitig sind jedoch immer auch andere Bereiche involviert. Hinsichtlich der Gestaltung der Bewegungssituationen sollte Folgendes beachtet werden (vgl. auch Zimmer 2020):

- Die Kinder haben ausreichend Zeit zum Erproben der Spielideen.
- Es gibt genügend Raum für die Entwicklung eigener Spielideen im Rahmen der Angebote.
- Die Spielideen knüpfen nach Möglichkeit an Themen oder Inhalte aus der Lebenswelt der Kinder an: Was sind ihre aktuellen Spielthemen?
- Die Kinder sollten immer wieder zu problemlösendem Verhalten aufgefordert werden. Offene Fragen stellen: Wie kann man noch …? Wozu kann man das Material auch nutzen?
- Impulse vonseiten der pädagogischen Fachkraft können das Themenspektrum und das Bewegungsrepertoire der Kinder bereichern; die Kinder sollten in ihren Versuchen ermutigt und bestärkt werden.
- Durch verschiedene Schwierigkeitsstufen wird es möglich, **alle** Kinder zu beteiligen; bei jüngeren Kindern (unter drei) sollte das freie Bewegen im Vordergrund stehen.

Die folgenden Spielvorschläge werden nur stichwortartig aufgelistet. Verbindungen zu den Beobachtungsbögen **MotorikPlus** werden durch entsprechende Impulse, die die pädagogische Fachkraft geben kann, deutlich gemacht. Die meisten Spielvorschläge können in den Schwierigkeitsgraden so differenziert werden, dass sie für jüngere und ältere Kinder geeignet sind. Weitere und ausführlichere Praxisbeispiele, die Anregungen zur Gestaltung von Bewegungsangeboten geben, sind unter anderem enthalten in Beins (2005), Biermann (2018), Ungerer-Röhrich et al. (2015), Zimmer (2012, 2013a, 2013b, 2014, 2018, 2021).

Koordination
Teppichfliesenstraßen
Teppichfliesen werden auf dem Boden verteilt. Die Abstände zwischen den Fliesen sind unterschiedlich groß. Die Kinder laufen um die Fliesen herum, bewegen sich in Kurven und versuchen, dem „Gegenverkehr“ auszuweichen. Sie springen von einer Fliese zur anderen, versuchen auch einmal, eine Fliese zu überspringen. In einer Reihe ausgelegt ergibt sich eine Fliesenstraße. Auch hier sind ein Slalomlauf, das Springen von Fliese zu Fliese oder das Überspringen möglich.
Impuls: Auf der Fliesenstraße auch einmal (langsam) rückwärtsgehen.
Beobachtung weiterer Kompetenzbereiche: soziale Kompetenzen, visuelle Wahrnehmung.

Kissenwerfen- und fangen
Kissen in unterschiedlichen Größen (Sofakissen, kleine Kopfkissen) werden für Wurfspiele eingesetzt. Wie weit kann ich werfen, wie hoch? Kann ich das Kissen hochwerfen und dann wieder auffangen? Die Kinder versuchen auch, sich die Kissen zu zweit zuzuwerfen. Sie verändern den Abstand zueinander, um das Werfen, vor allem aber auch das Fangen zu erleichtern bzw. zu erschweren.
Impuls: Beim Fangen kann man das Kissen auf den Körper aufprallen lassen, man kann es aber auch nur mit den Händen fangen. Anstelle des Kissens wird ein großer (leichter) Ball eingesetzt.
Beobachtung weiterer Kompetenzbereiche: visuelle Wahrnehmung, kinästhetische Wahrnehmung, Kraftdosierung.

Fangspiel
Bei diesem Spiel gibt es zwei Fänger; sie sind erkennbar an dem roten Tuch, das sie in der Hand haben. Wenn sie ein anderes Kind mit dem Tuch berühren, wird dieses zum neuen Fänger und übernimmt auch das Tuch.
Impuls: Dem Fänger ausweichen, indem man die Laufrichtung ändert.
Beobachtung weiterer Kompetenzbereiche: Ausdauer, visuelle Wahrnehmung, soziale Kompetenzen.

Kraft/Ausdauer
Graben überspringen
Springseile (Seile) werden so auf den Boden ausgelegt, dass sie jeweils ein V bilden. Die Kinder überspringen die Seile und suchen sich dabei aus, in welcher Form (mit einem großen Schritt oder einem Sprung, auf einem Bein abspringen, auf dem anderen landen) sie den Graben überwinden wollen.
Impuls: Mit beiden Beinen gleichzeitig springen; dabei herausfinden, an welcher Stelle man abspringen muss, um den Graben zu überqueren. Jeder soll seinen weitest möglichen Abstand zum Graben finden.
Beobachtung weiterer Kopmpetenzbereiche: Koordination, visuelle Wahrnehmung, kinästhetische Wahrnehmung.

Balltreiben
Ein dicker Pezziball liegt in der Mitte des Raumes. Die Kinder haben kleinere Bälle, mit denen sie den dicken Ball treffen und ins Rollen bringen sollen. Schaffen es die Kinder, den Ball mit ihren Bällen in eine Ecke zu treiben, ohne dass sie ihn mit den Händen berühren?
Impuls: Die Kraft des Werfens dosieren – wer nah am Ball steht, benötigt weniger Kraft als aus weiterer Enrfernung.
Beobachtung weiterer Kompetenzbereiche: Koordination, visuelle Wahrnehmung, kinästhetische Wahrnehmung.

Baustelle
Mehrere Hocker, Kästen, Bänke werden zu einer Baustelle zusammengestellt. Die Kinder bauen die Baustelle alleine auf, indem sie die Kästen schieben oder ziehen. Wenn dies alleine nicht gelingt, holt sich das Kind Hilfe durch ein anderes Kind. Die Bank muss von mehreren Kindern gemeinsam mit der pädagogischen Fachkraft transportiert werden.
Impuls: Die Kästen, Hocker und Bänke in verschiedener Form überwinden, auch hochsteigen und (bei geeigneter Höhe) herunterspringen, sich mithilfe der Arme über die Bank ziehen.
Beobachtung weiterer Kompetenzbereiche: Koordination, soziale Kompetenzen.

Autorennen
Die Kinder haben (kleinere) Reifen oder Wurfringe, die sie wie ein Lenkrad mit beiden Händen halten – und so ein Auto steuern. Die Autos fahren durch den Raum und machen Geräusche; dabei entscheidet jedes Kind, ob es einen schnellen Rennwagen, einen knatternden Trecker oder einen großen, langsamen Bus lenkt.
Impuls: Die Kinder versuchen, ihre Fahrzeuge eine bestimmte Zeit (1 Minute, 5 Minuten) ohne Unterbrechung zu steuern.
Beobachtung weiterer Kompetenzbereiche: Koordination.

Feinmotorik
Die Beobachtungsaufgaben in **MotorikPlus** im Bereich feinmotorische Kompetenzen stammen vorwiegend aus Alltagssituationen. Die folgenden Praxisbeispiele ermöglichen jedoch das Training feinmotorischer Fähigkeiten, indem die Kinder zunächst großräumig, mit größeren Objekten hantieren, dabei aber ihre feinmotorische Steuerungsfähigkeit einsetzen und die Hand-Auge-Koordination üben. Diese Situationen bieten sich als zusätzliche Möglichkeiten zur Beobachtung an.

Papprollen und Becher stapeln
Papprollen (von Küchenkrepp oder Toilettenpapier), Pappbecher und Pappteller in größerer Anzahl werden zum Bauen genutzt. Die Kinder legen mit den Papprollen auf dem Boden Wege aus, stapeln die Papprollen und -becher, jeweils verbunden mit den Papptellern. Durch vorsichtiges Bauen und Aufeinanderlegen der Materialien lassen sich Türme und Tore errichten.
Beobachtung weiterer Kompetenzbereiche: visuelle Wahrnehmung, kinästhetische Wahrnehmung.

Seile legen
Mit Seilen in unterschiedlicher Länge (oder auch mit Gardinenschnüren) legen die Kinder auf dem Boden gerade Linien, Schlangen, Kreise, Vierecke aus. Die pädagogische Fachkraft kann auch bestimmte Formen vorgeben.
Impuls: Zuerst wird auf einem großen Blatt mit einem Stift eine bestimmte Form aufgemalt (Kreis, Dreieck etc.). Die Kinder versuchen, diese Formen mit ihrem Seil nachzulegen.
Beobachtung weiterer Kompetenzbereiche: visuelle Wahrnehmung, kinästhetische Wahrnehmung.

Gleichgewicht
Schmale Wege auf heißem Sand
Auf dem Boden werden mit Kreppband Linien aufgeklebt (ggf. auch die Bodenlinien in der Turnhalle nutzen). Die Kinder laufen und gehen über die Linien.
Impuls: Die Linie stellt einen schmalen Steg über heißen Sand dar. Die Kinder versuchen, so über die Linie zu gehen, dass sie nicht daneben treten.
Beobachtung weiterer Kompetenzbereiche: Koordination, kinästhetische Wahrnehmung.

Wackelstraße
Kissen in unterschiedlicher Größe werden hintereinander auf den Boden gelegt. Sie bilden eine Straße, über die die Kinder gehen. Die Kissen sind unterschiedlich dick, mit verschiedenem Material gefüllt (hart, weich), geben beim Betreten unterschiedlich stark nach.
Impuls: Über die Wackelstraße gehen, dabei versuchen, das Gleichgewicht zu halten.
Beobachtung weiterer Kompetenzbereiche: Koordination.

Heiße Klöße transportieren
Jedes Kind hat einen Löffel und einen Tennisball oder Tischtennisball. Die Bälle stellen Klöße dar, die so heiß sind, dass man sie nicht mit den Händen berühren kann.
Impuls: Versucht, die heißen Klöße auf dem Löffel zu transportieren. Zur Erschwerung der Aufgabe können dabei auch kleine Hindernisse überwunden werden.
Beobachtung weiterer Kompetenzbereiche: Koordination.

Taktil-kinästhetische Wahrnehmung
Die Mücke piekst
Ein Kind oder zu Beginn noch die pädagogische Fachkraft spielt eine Mücke, die gerne die Kinder in die Haut piekst. Die Kinder sitzen im Kreis, die „Mücke" fliegt herum und piekst sie mit einem Finger leicht an bestimmte Körperstellen.
Impuls: Die Kinder benennen die Stelle, an der sie die Mücke berührt hat, oder zeigen auf die entsprechende Körperstelle.
Beobachtung weiterer Kompetenzbereiche: soziale Kompetenzen.

Gewichte schätzen
Gleich aussehende Dosen oder Schachteln werden mit verschieden schwerem, aber (beim Schütteln) nicht hörbarem Inhalt (Watte, Wolle, Zeitungspapier, Sand in einer Plastiktüte so groß wie die Dose) gefüllt. Die Kinder sollen herausfinden, welche Dose leer ist, welche die schwerste ist etc. Die Dosen müssen mit dem Material so ausgefüllt sein, dass beim Heben oder Schütteln keine Geräusche entstehen.
Impuls: Findet heraus, welche Dose ganz schwer, welche ganz leicht ist. Versucht, die Dosen in eine Reihenfolge von leicht zu schwer zu bringen.
Beobachtung weiterer Kompetenzbereiche: kognitive Kompetenzen.

Luftmatratze
Die Kinder liegen auf einer Matte auf dem Boden und stellen sich vor, sie seien eine Luftmatratze, die langsam aufgepumpt wird. Dabei spannen sie ihren Körper immer mehr an. Die pädagogische Fachkraft kann dazu entsprechende Geräusche (Luftpumpe, Blasebalg) machen.
Impuls: Versucht, eure Muskeln anzuspannen und so steif und fest wie eine prall gefüllte Luftmatratze zu werden. Dann lassen wir die Luft langsam wieder entweichen. Spürt ihr den Unterschied in euren Muskeln?
Beobachtung weiterer Kompetenzbereiche: Kraft, auditive Wahrnehmung.

Visuelle Wahrnehmung
Farbenlaufen
Fliesen in den Hauptfarben Rot, Blau, Grün und Gelb liegen im Raum verteilt auf dem Boden. Jedes Kind sucht sich eine Farbe aus und setzt sich auf die entsprechende Fliese. Die pädagogische Fachkraft hat vier Tücher in den entsprechenden Farben.
Impuls: Die Kinder, deren Farbe gezeigt wird, laufen so lange, bis die Farbe gewechselt wird.
Beobachtung weiterer Kompetenzbereiche: Koordination, kognitive Kompetenzen.

Luftballons fliegen lassen
Die Kinder nutzen Luftballons zum Spielen. Die Aufgabe ist es, den Ballon mit verschiedenen Körperteilen in der Luft zu halten und ihn immer wieder anzutippen, damit er nicht zu Boden fällt, zuerst mit der Hand.
Impuls: Die Kinder finden noch andere Möglichkeiten, den Ballon hochzuspielen: mit dem Fuß, der Faust, den Fingerspitzen, mit den Ellenbogen.
Beobachtung weiterer Kompetenzbereiche: kinästhetische Wahrnehmung, Kraftdosierung, Feinmotorik.

Auditive Wahrnehmung
Geräusche erkennen
Die Kinder probieren aus, welche Geräusche bestimmte Materialien machen: knisterndes Papier, eine Dose gefüllt mit Erbsen, eine Dose gefüllt mit Sand, ein rasselnder Schlüsselbund etc.
Impuls: Die Kinder schließen die Augen. Dann erzeugt die pädagogische Fachkraft mit den zuvor erprobten Gegenständen ein Geräusch, das die Kinder den Gegenständen zuordnen sollen (sie benennen sie, bevor sie die Augen öffnen, oder sie zeigen anschließend auf die Gegenstände).
Beobachtung weiterer Kompetenzbereiche: kognitive Kompetenz (Konzentration).

Geräusche lokalisieren
Die Kinder sitzen im Kreis und schließen die Augen. Die pädagogische Fachkraft geht leise im Raum umher, bleibt dann stehen und klingelt mit einem Glöckchen. Die Kinder sollen in die Richtung zeigen, aus der das Geräusch gekommen ist.
Beobachtung weiterer Kompetenzbereiche: kognitive Kompetenz (Konzentration).

Geräusche differenzieren
Die Kinder erproben verschiedene Rhythmikmaterialien: Klanghölzer, Rasseln, Trommeln etc.
Impuls: Die pädagogische Fachkraft vereinbart mit den Kindern, dass sie in ihrem Spiel innehalten, wenn die Triangel ertönt.
Beobachtung weiterer Kompetenzbereiche: kognitive Kompetenz (Konzentration).

Emotionale Kompetenzen
Die Beobachtungsaufgaben in **MotorikPlus** aus dem Bereich der emotionalen Kompetenzen stammen vorwiegend aus Alltagssituationen. Die folgenden Spielideen ermöglichen, über Gefühle zu sprechen, sie zu reflektieren, sie mimisch oder körperlich zum Ausdruck zu bringen. Dabei kann auch überlegt werden, wie man sich bei Gefühlen, die einem unangenehm sind, verhalten kann.

Der wütende Tiger
Die Kinder erinnern sich an Situationen, in denen sie ärgerlich und so richtig wütend waren. Was haben sie da gemacht? Wo „sitzt" die Wut eigentlich? Wo spürt man sie am stärksten: im Bauch, in den Fäusten? Wie kann man sie ausdrücken? Die Kinder verziehen das Gesicht vielleicht zu einer Grimasse, ballen die Hände zu einer Faust, stampfen auf den Boden.
Impuls: Die pädagogische Fachkraft fordert die Kinder zu einem „Wuttanz" auf. Sie spielen einen wütenden Tiger, der faucht und grollt. Dabei darf er niemanden berühren.
Beobachtung weiterer Kompetenzbereiche: kinästhetische Wahrnehmung.

Wer hat die lustige Lisa gesehen?
Die Kinder sitzen im Kreis und besprechen mit der pädagogischen Fachkraft die Spielregeln. Sie fragt: „Wer hat die lustige Lisa gesehen?" Die Kinder antworten: „Ja, wir!" – „Was hat sie denn gemacht?" Die Kinder zeigen nun gestisch, mimisch oder in Bewegung, wie sie sich die lustige Lisa vorstellen (lachen, tanzen etc.).
Impuls: Wer hat den traurigen Theo gesehen, den trotzigen Tom, die wütende Wanja, die fröhliche Frederike, den ärgerlichen Ernst? Jedes Frage-Antwort-Spiel wird mit dem entsprechenden Ausdruck des Gefühls durch Bewegung, Körperhaltung, Mimik begleitet.
Beobachtung weiterer Kompetenzbereiche: kognitive Kompetenz (Konzentration).

Soziale Kompetenzen
Auch im Bereich der sozialen Kompetenzen stammen die in den Beobachtungsbögen von **MotorikPlus** aufgeführten Items vorwiegend aus Alltagssituationen. Die folgenden Spielideen schaffen Anlässe zur Kommunikation, Interaktion und Kooperation mit anderen Kindern. Sie sind eher für Kinder ab vier Jahren geeignet.

Schildkrötenspiel
Auf einer größeren Mattenfläche spielen die Kinder Schildkröten, die sich langsam und bedächtig auf allen Vieren bewegen. Wenn sich zwei Schildkröten begegnen, machen sie ein beliebtes Schildkrötenspiel: Die eine Schildkröte versucht, die andere auf den Rücken zu drehen. Liegt eine Schildkröte dann auf dem Rücken, strampelt sie mit den Beinen, sie kann sich nicht mehr alleine umdrehen. Deswegen gibt es bei diesem Spiel auch immer zwei Schildkrötenhelfer, die die umgefallenen Schildkröten wieder auf den Bauch drehen. Ruft ein Kind „Stopp", muss das andere sofort loslassen.
Beobachtung weiterer Kompetenzbereiche: kinästhetische Wahrnehmung, Koordination.

Pferdekutsche
Die Kinder gehen zu Paaren zusammen. Ein Kind ist der Kutscher, das andere das Pferd. Der Kutscher legt dem Pferd ein Seil um die Schultern und lenkt es durch den Raum. Dabei gibt er mit dem Seil die Richtung an: Wenn das Pferd zur Seite gehen soll, zieht er die Zügel zur rechten Seite, wenn es schneller laufen soll, lässt er die Zügel leicht auf- und abschwingen. Zum Bremsen zieht er die Zügel sanft an. Dann werden die Rollen gewechselt.
Beobachtung weiterer Kompetenzbereiche: kinästhetische Wahrnehmung, Koordination.

Kognitive Kompetenzen
Sumpf überqueren
Die Kinder bilden zu viert oder fünft kleine Gruppen. Sie haben jeweils zwei Matten, die ein Rettungsfloß darstellen, auf dem sie eine überflutete Wiese überqueren sollen. Die Kinder stehen zunächst auf einer Matte, die andere wird gemeinsam danebengelegt, ohne das Floß zu verlassen. Anschließend sollen die Kinder auf diese „Rettungsinsel" steigen und dabei nicht den Boden berühren. Bei größerem Abstand zur Rettungsinsel helfen sie sich gegenseitig. Schaffen es die Kinder, den Spalt zwischen den beiden Matten zu überwinden?
Impuls: Abschließend reflektiert die pädagogische Fachkraft mit den Kindern, wie sie die Aufgabe gelöst haben (das Spiel eignet sich eher für ältere Kinder).
Beobachtung weiterer Kompetenzbereiche: Koordination, soziale Kompetenzen.

Sammeln und sortieren

In der Mitte des Raumes liegen Materialien in verschiedenen Formen und Farben (Bälle in verschiedenen Größen, Teppichfliesen, Pappscheiben, Reifen, Sandsäckchen, Frisbeescheiben, Schaumstoffwürfel etc.). Die Kinder sitzen auf jeweils einer Matte (ihr Haus). Die pädagogische Fachkraft gibt an, welche Materialien sie aus dem Fundus aussuchen und in ihr Haus bringen sollen: grün und rund, blau und eckig ...

Impuls: Nach jedem Durchgang wird darüber gesprochen, welche Kombinationsmöglichkeiten es gab (gelbes Sandsäckchen, Teppichfliese, Schaumstoffwürfel ... – roter Ball, Reifen, Frisbeescheibe ...). Zum Schluss werden die Materialien alle nach Farben sortiert, dann nach Formen.

Beobachtung weiterer Kompetenzbereiche: visuelle Wahrnehmung.

Beteiligte Einrichtungen

An der Erprobung von **MotorikPlus** und an der Erhebung von Vergleichsdaten haben sich zahlreiche Kindertageseinrichtungen beteiligt. Wir bedanken uns für die Mitarbeit bei den Kita-Leitungen und den pädagogischen Fachkräften folgender Einrichtungen:

AWO Familienzentrum	Bad Driburg
AWO Familienzentrum Columbus	Euskirchen
AWO Familienzentrum Dürerstraße	Iserlohn
AWO Familienzentrum Haunerbusch	Kierspe
AWO Familienzentrum Liederwiese	Kierspe
AWO Familienzentrum Rasselbande	Meinerzhagen
AWO Kindertagesstätte	Dortmund-Hörde
AWO Kindertagesstätte Braunschweigerstraße	Dortmund
AWO Kindertagesstätte Lumiland	Dortmund
AWO Kindertagesstätte Oberlandknirpse	Ebersbach-Neugersdorf
AWO Kindertagesstätte Schatzkiste	Düsseldorf-Eller
AWO Kindertagesstätte Sterntaler	Bedburg
AWO Kindertagesstätten	Aachen
AWO Kindervilla	Lengerich
Bethanien Kindertagesstätte	Eltville
Charly's Kinderparadies	Osnabrück
CJD Kindertagesstätte Nordstadt	Hannover
DJK Kindergarten St. Ansgar	Minden
DRK Kindertagesstätte	Petershagen
DRK-Tageseinrichtung für Kinder „Spielwiese"	Espelkamp
Eltern-Kind-Zentrum Kieselgrund	Mannheim
Elterninitiative Möhrenbande e.V.	Dortmund
eva:lino Kindertagesstätte	Stuttgart-Mitte
Evangelischer Kindergarten	Markgröningen
Evangelischer Kindergarten	Grefrath
Evangelischer Kindergarten	Bochum
Evangelischer Kindergarten Elim Vehlen	Obernkirchen
Evangelischer Kindergarten Friedewalde	Minden
Evangelischer Matthäuskindergarten	Gelsenkirchen
Familienzentrum Arche Noah	Olfen
Familienzentrum der Arbeiterwohlfahrt Ruth Grohe Haus	Hemer
Familienzentrum Holthausen	Hattingen
Familienzentrum Ingeborg	Düsseldorf
Familienzentrum Rathausstraße	Troisdorf
Familienzentrum Willy Brand Platz	Niederkassel
Integrationskindergarten „Regenbogen"	Cottbus

Integrative Freunde Kindergarten	Georgsmarienhütte
Josefskindergarten	Erwitte
Katholische Kindertageseinrichtung St. Johannes	Bösensell
Katholische Kindertageserinrichtung St. Pius	Rheda-Wiedenbrück
Katholischer Kindergarten Herz Jesu	Witten
Katholischer Kindergarten St. Josef	Verden a. d. Aller
Katholischer St. Clemenskiga	Rüthen-Kallenhardt
KiB mobil GmbH	Dülmen
Kinderbetreuung ASC-Ggmbh	Göttingen
Kindergarten Arche Noah	Sögel
Kindergarten Regenbogenland	Gundelsheim
Kindergarten St. Martin	Waldbüttelbrunn
Kindergarten Trotheim	Minden
Kinderhaus am Zwergenwald	Bonn
Kinderkrippe Zwergenstübchen	Gaggstatt
Kinderland am Wittenbrink	Ibbenbüren
Kindertageseinrichtung St. Ludger	Lüdinghausen
Kindertageseinrichtung Wittelsbacherstraße	Niederkassel
Kindertagespflege Motorik Kids	Würselen
Kindertagespflege Spatzennest	Jork
Kindertagesstätte „Am Broeckhof"	Kevelaer
Kindertagesstätte „Grashüpfer"	Ascheberg
Kindertagesstätte Am Möllerstift	Bielefeld
Kindertagesstätte Bengel & Engel	Knackstedt
Kindertagesstätte Farbkleckse	Wesseling
Kindertagesstätte Haus elf	Kiel
Kindertagesstätte Hoppetosse Südkirchen Jugendhilfe	Werne
Kindertagesstätte Lindenhof e.V.	Solingen
Kindertagesstätte Löwenstein	Hürth-Efferen
Kindertagesstätte MIKI	Bad Neuenahr-Ahrweiler
Kindertagesstätte Münzstraße	Bielefeld
Kindertagesstätte Rappelkiste	Hamburg
Kindertagesstätte Robert Müller Platz	Troisdorf
Kindertagesstätte Scharnebeck	Scharnebeck
Kindertagesstätte Schatzinsel	Auhagen
Kindertagesstätte Spielkiste	Treuenbrietzen
Kindertagesstätte St. Elisabeth	Wietmarschen-Lohne
Kindertagesstätte St. Franziskus	Wietmarschen-Lohne
Kindertagesstätte St. Peter und Paul	Frankfurt am Main
Kindertagesstätte und Tagespflege Leipziger Straße	Bielefeld
Kindertagesstätte Vita	Dülmen
Kindertagesstätte Westerfeldstraße	Bielefeld

Kindertagesstätte Wilde Wiese	Ahaus-Alstätte
Kindertagesstätte Wunderland	Duisburg
Kindertagesstätte zu den 12 Aposteln	Hamburg-Lurup
Kinderzentrum Kunterbunt	Alfter
Kleine Strolche	Frechen
Kreativitätskindergarten in Trägerschaft der Da-Vinci-Camp	Nauen
Paulus Kindertagesstätte	Melle
Salabanda gGmbH	Berlin
Sportkindergarten Berkenbrücker Steig Berlin	Berlin
Städtische Kindertageseinrichtung	Kiel
Städtische Kindertageseinrichtungen	Stadt Recklinghausen
Städtische Kindertagesstätte	St. Augustin
Städtische Kindertagesstätte Bordenau	Neustadt am Rübenberg
Städtischer Kindergarten	Hattingen
Städtisches Familienzentrum „Alle unter einem Dach"	Recklinghausen-Süd
Städtisches Familienzentrum Kindertagesstätte Luftikus	Bad Oeynhausen-Süd
Städtisches Familienzentrum Willy-Brandt-Platz	Niederkassel

Literatur

Amft, S. et al. (2013): Kann Psychomotorik zur Förderung sozio-emotionaler Kompetenzen beitragen? Praxis der Psychomotorik, 38 (3), 134–135.

Asendorpf, J.B. (2004): Psychologie der Persönlichkeit. Berlin: Springer.

Bayerisches Staatsministerium für Arbeit und Sozialordnung, Familie und Frauen & Staatsinstitut für Frühpädagogik München (2016): Der Bayerische Bildungs- und Erziehungsplan für Kinder in Tageseinrichtungen bis zur Einschulung. Berlin: Cornelsen.

Beins, H.J. (2005): Türme, Brücken, Murmelbahnen. Bauen und Konstruieren im Kindergarten. Freiburg: Herder

Beller, K. & Beller, S. (2010): Kuno Bellers Entwicklungstabelle (6. Aufl., modifizierte Fassung). Berlin: Eigenverlag.

Bender, R. & Lange, S. (1999): Multiple test procedures other than Bonferroni's deserve wider use. BMJ (Clinical research ed.), 318 (7183), 600–601.

Beudels, W.; Haderlein, R. & Herzog, S. (2012): Handbuch Beobachtungsverfahren in Kindertageseinrichtungen. Dortmund: Borgmann.

Biermann, I. (2018): Spiele zur Wahrnehmungsförderung. Freiburg: Herder.

Bierögel, S. & Hemming, A. (2010): Sternstunden im Kleinkinderturnen. Münster: Ökotopia.

Blanz, M. (2015): Forschungsmethoden und Statistik für die Soziale Arbeit: Grundlagen und Anwendungen. Stuttgart: Kohlhammer.

Bös, K. (2003): Motorische Leistungsfähigkeit von Kindern und Jugendlichen. In: W. Schmidt, I. Hartmann-Tews & W.-D. Brettschneider (Hrsg.): Erster Deutscher Kinder- und Jugendsportbericht. Schorndorf: Hofmann, S. 85–107.

Bös, K. & Mechling, H. (1992): Motorik. In: P. Röthig, H. Becker, H. Carl, D. Kayser & R. Prohl (Hrsg.): Sportwissenschaftliches Lexikon (6. Aufl.). Schorndorf: Hofmann, S. 319–322.

Breitenbach, E. (1995): Material zur Diagnose und Therapie auditiver Wahrnehmungsstörungen. Würzburg: Ed. Bentheim.

Diehl, J.M. & Staufenbiel, T. (2007): Statistik mit SPSS für Windows, Version 15. Eschborn bei Frankfurt: Dietmar Klotz.

Dordel, S. (2007): Bewegungsförderung in der Schule. Dortmund: Modernes Lernen.

Döring, N. & Bortz, J. (2016): Forschungsmethoden und Evaluation in den Sozial- und Humanwissenschaften. Heidelberg: Springer.

Dornes, M. (2015): Der kompetente Säugling. Frankfurt am Main: Fischer.

Eckrodt, C.; Madeira Firmino, N. & Rieger, S. (2015): BaSiK – Sprache im pädagogischen Alltag beobachten und bilden. KiTa aktuell spezial (2), 18–20.

Elliot, L. (2002): Was geht da drinnen vor? Die Gehirnentwicklung in den ersten fünf Lebensjahren. Berlin: Piper.

Faller, A. & Schünke, M. (2020): Der Körper des Menschen. Stuttgart: Thieme.

Fischer, K. (2007): Die Bedeutung der Bewegung für Salutogenese und Resilienz. In: I. Hunger & R. Zimmer (Hrsg.): Bewegung. Bildung. Gesundheit. Entwicklung fördern von Anfang an. Schorndorf: Hofmann, S. 117–125.

Fischer, K. (2019): Einführung in die Psychomotorik. München: Reinhardt.

Fischer, K., Hölter, G., Beudels, W., Jasmund, C., Krus, A. & Kuhlenkamp, S. (Hrsg.) (2016): Bewegung in der frühen Kindheit. Heidelberg: Springer.

Fisseni, H.J. (1990): Lehrbuch der psychologischen Diagnostik. Göttingen: Hogrefe.

Fleig, P. (2008): Der Zusammenhang zwischen körperlicher Aktivität und kognitiver Entwicklung. Theoretische Hintergründe und empirische Ergebnisse. Sportunterricht, 57 (1), 11–16.

Frostig, M. & Lockowandt, O. (2000): Frostigs Entwicklungstest der visuellen Wahrnehmung. Weinheim: Beltz.

Fuchs, T. (2013): Das Gehirn – ein Beziehungsorgan. Stuttgart: Kohlhammer.

Graf, C. (2017): Bewegung im Kindes- und Jugendalter. In: R. Zimmer & I. Hunger (Hrsg.): Gut starten. Bewegung – Entwicklung – Diversität. Schorndorf: Hofmann, S. 184–191.

Haug-Schnabel, G. & Bensel, J. (2017): Grundlagen der Entwicklungspsychologie. Freiburg: Herder.

Heim, R. (2008): Bewegung, Spiel und Sport im Kontext von Bildung. In: W. Schmidt (Hrsg.): Zweiter Deutscher Kinder- und Jugendsportbericht. Schorndorf: Hofmann, S. 21–42.

Hemmerich, W. (2016): StatistikGuru: Rechner zur Adjustierung des α-Niveaus. Retrieved from https://statistikguru.de/rechner/adjustierung-des-alphaniveaus.html.

Hirtz, P. (1985): Koordinative Fähigkeiten im Schulsport. Berlin: Volk und Wissen.

Hirtz, P.; Hotz, A. & Ludwig, G. (2000): Bewegungskompetenzen. Gleichgewicht. Schorndorf: Hofmann.

Hofsten, C. von (2009): Action, the foundation for cognitive development. Scandinavian Journal of Psychology, 50, 617–623.

Holle, B. (2016): Die motorische und perzeptuelle Entwicklung des Kindes: Ein praktisches Lehrbuch für die Arbeit mit normalen und retardierten Kindern. München/Weinheim: Beltz.

Hollmann, W. & Strüder, H.K. (2009): Sportmedizin. Grundlagen für körperliche Aktivität, Training und Präventivmedizin. Stuttgart: Schattauer.

Holm, S. (1979): A Simple Sequentially Rejective Multiple Test Procedure. Scandinavian Journal of Statistics, 6 (2), 65–70.

Krombholz, H. (1985): Motorik im Vorschulalter. Ein Überblick. Motorik, 8, 83–96.

Krombholz, H. (2018): Motorische Entwicklung und Händigkeit in den ersten beiden Lebensjahren. Zeitschrift für Entwicklungspsychologie und Pädagogische Psychologie, 50 (2), 61–70.
Krus, A. (2004): Mut zur Entwicklung. Schorndorf: Hofmann.
Kubesch, S.; Emrich, A. & Beck, F. (2011): Exekutive Funktionen im Sportunterricht fördern. Sportunterricht 60 (11), 312–316.
Kuhlenkamp, S. (2017): Lehrbuch Psychomotorik. München: Reinhardt.
Laewen, H.J. (2009): Grenzsteine der Entwicklung. Ein Frühwarnsystem für Risikolagen. Ministerium für Bildung, Jugend und Sport. Brandenburg.
Lamnek, S. (2005): Qualitative Sozialforschung. Weinheim: Beltz.
Lensing-Conrady, R. (2001): Von der Heilsamkeit des Schwindels: Gleichgewichtswahrnehmungen als Motor für Entwicklung und Lernen. Dortmund: Borgmann.
Macha, T.; Proske, A. & Petermann, F. (2005): Allgemeine Entwicklungsdiagnostik. Validität von Entwicklungstests. Kindheit und Entwicklung, 14 (3), 150–162.
Machens, C. (2020): BaSiK – wie Sprachbildung und Beobachtung ineinandergreifen. In: Lakos (Hrsg): 9. Leipziger Frühjahrssymposium. Sprache & Kommunikation. Das Leipziger Frühjahrssymposium „Beobachtungen als Bildungsimpulse". Leipzig: Lakos, S. 13–14.
Machens, C.; Keßel, P. & Meermann, D. (2021): Der Einfluss von Bewegungskindergärten auf die motorische Entwicklung von Kindern. Motorik, 44 (1), 29–36.
Mayr, T.; Bauer, C. & Krause, M. (2014): KOMPIK. Kompetenzen und Interessen von Kindern. München: Staatsinstitut für Frühpädagogik (IFP).
Michaelis, R. (2004): Das „Grenzsteinprinzip" als Orientierungshilfe für die pädiatrische Entwicklungsbeurteilung. In: H.G. Schlack (Hrsg.): Entwicklungspädiatrie. München: Marseille, S. 123–129.
Michaelis, R. (2011): Motorische Entwicklung als Paradigma der kindlichen Entwicklung. In: H. Keller (Hrsg.): Handbuch der Kleinkindforschung. Bern: Huber, S. 122–150.
Ministerium für Kinder, Familie, Flüchtlinge und Integration des Landes Nordrhein-Westfalen & Ministerium für Schule und Weiterbildung des Landes Nordrhein-Westfalen (2016): Bildungsgrundsätze für Kinder von 0 bis 10 Jahren. Freiburg: Herder.
Moosbrugger, H. & Kelava, A. (2020): Testtheorie und Fragebogenkonstruktion (3. Aufl.). Heidelberg: Springer.
Olbrich, I. (2002): Auditive Wahrnehmung und Sprache. Dortmund: Modernes Lernen.
Payr, A. & Woll, A. (2012): Bewegungsförderung im Kindergarten. In: G. Geuter & A. Hollederer (Hrsg.): Handbuch Bewegungsförderung und Gesundheit. Bern: Huber, S. 213–227.
Pauen, S. & Elsner, B. (2008): Neurologische Grundlagen der Entwicklung. In: R. Oerter & L. Montada (Hrsg.): Entwicklungspsychologie. Weinheim: Beltz PVU, S. 67–84.
Petermann, F. & Wiedebusch, S. (2016): Emotionale Kompetenz bei Kindern. Göttingen: Hogrefe.
Petermann, U.; Petermann, F & Koglin, U. (2013): Entwicklungsbeobachtung und Dokumentation EBD 3–48 Monate. Berlin: Cornelsen.
Pfeffer, S. (2017): Sozial-emotionale Entwicklung fördern. Freiburg: Herder.
Rasch, B. et al.(2014): Quantitative Methoden. Band 1. Einführung in die Statistik für Psychologen und Sozialwissenschaftler. Berlin: Springer.
Roth, K. (2003): Wie verbessert man koordinative Fähigkeiten? In: Bielefelder Sportpädagogen (Hrsg.): Methoden im Sportunterricht. Schorndorf: Hofmann, S. 85–102.
Roth, K. (2014): Begriffliche und theoretische Grundlagen der Koordinationsschulung. In: C. Kröger & K. Roth: Koordinationsschulung im Kindes- und Jugendalter. Schorndorf: Hofmann, S. 5–34.
Roth, K. & Zimmer, R. (2017): Das Motorik-ABC. Bewegungs- und Sprachförderung in der Kita. Berlin: Cornelsen.
Salisch, M. von (2002): Emotionale Intelligenz entwickeln. Grundlagen in Kindheit und Jugend. Stuttgart: Kohlhammer.
Schmidt, R.F. & Schaible, H.G. (2006): Neuro- und Sinnesphysiologie. Berlin: Springer
Schulz, M. & Cloos, P. (2013): Beobachtung und Dokumentation von Bildungsprozessen. In: M. Stamm & D. Edelmann (Hrsg.): Handbuch frühkindliche Bildungsforschung. Wiesbaden: Springer, S. 787–800.
Schwarz, R. (2014): Frühe Bewegungserziehung. München: Reinhardt.
Singer, R. & Munzert, J. (2004): Psychologische Aspekte des Lernens. In: H. Gabler, J. R. Nitsch & R. Singer (Hrsg.): Einführung in die Sportpsychologie. Schorndorf: Hofmann, S. 247–288.
Spitzer, M. (2002): Lernen. Gehirnforschung und die Schule des Lebens. Berlin: Spektrum.
Spitzer, M. (2012): Geist in Bewegung – Gehirnforschung zur ganzheitlichen Entwicklung von Körper und Geist. In: I. Hunger & R. Zimmer (Hrsg.): Frühe Kindheit in Bewegung. Entwicklungspotenziale nutzen. Schorndorf: Hofmann, S. 18–41.
Stangl, W. (2020): Lexikon für Psychologie und Pädagogik. Verfügbar unter: https://lexikon.stangl.eu/autor/.
Tomasello, M. (2014): Kooperation und Kommunikation im zweiten Lebensjahr. In: R. Braches-Chyrek, C. Röhner, H. Sünker & M. Hopf (Hrsg.): Handbuch Frühe Kindheit. Berlin: Budrich, S. 154–160.
Ungerer-Röhrich, U.; Popp, V. & Quante, S. (2015): Bildung durch Bewegung. Kita-Kinder ganzheitlich in ihrer Entwicklung fördern. Berlin: Cornelsen.
Viernickel, S. & Völkel, P. (2017): Beobachten und Dokumentieren im pädagogischen Alltag. Freiburg: Herder.

Völker, K. (2008): Wie Bewegung und Sport zur Gesundheit beitragen – Tracking-Pfade von Bewegung und Sport zur Gesundheit. In: W. Schmidt (Hrsg.): Zweiter deutscher Kinder- und Jugendsportbericht. Schorndorf: Hofmann, S. 89–106.

Von Hofsten, C. (2009): Action, the foundation for cognitive development. Scandinavian Journal of Psychology, 50, 617-623.

Voss, A. (Hrsg.) (2019): Bewegung und Sport in der Kindheitspädagogik. Stuttgart: Kohlhammer.

Wassenberg, R. et al. (2005): Relation between Cognitive and Motor performance in 5- to 6-Year-Old Children: Results from a large Cross-Sectional Study. Child Development, 76 (5), 1092–1103.

Weltzien, D. & Viernickel, S. (2012): Die Einführung stärkenorientierter Beobachtungsverfahren. Gelingensbedingungen für den Kompetenzerwerb pädagogischer Fachkräfte. Frühe Bildung 1 (2), 78–86.

Weltzien, D. et al. (2016): Gefühl und Mitgefühl von Kindern begleiten und fördern. Freiburg: Herder.

Willimczik, K. & Roth, K. (1993): Bewegungslehre. Grundlagen, Methoden, Analysen. Reinbek: Rowohlt.

Winter, R. & Hartmann C. (2015): Die motorische Entwicklung des Menschen von der Geburt bis ins hohe Alter. In: K. Meinel & G. Schnabel (Hrsg.): Bewegungslehre und Sportmotorik. München: Meyer & Meyer S. 237–349.

Zimbardo, P.G. & Gerrig, R.J. (1999): Psychologie. Berlin, Heidelberg: Springer.

Zimmer, R. (2011): Vom Greifen zum Begreifen – Entwicklungsförderung durch Bewegung. Freiburg: Herder.

Zimmer, R. (Hrsg.) (2012): Psychomotorik für Kinder unter drei Jahren. Entwicklungsförderung durch Bewegung. Freiburg: Herder

Zimmer, R. (2013a): Konrad Känguru und Rita Rennmaus. Integrierte Förderung von Bewegung, Sprache und Literacy. Oberursel: Finken.

Zimmer, R. (2013b): Sport und Spiel im Kindergarten. Aachen: Meyer & Meyer.

Zimmer, R. (2014): Krippenkinder – Bewegungslandschaften. Freiburg: Herder.

Zimmer, R. (2015): MOT 4–6. Motoriktest für vier- bis sechsjährige Kinder. Göttingen: Hogrefe.

Zimmer, R. (2017): Bewegung bildet! Wie Entwicklungspotenziale von Kindern unterstützt und elementare Kompetenzen gestärkt werden können. In: R. Zimmer & I. Hunger (Hrsg.): Gut starten. Bewegung - Entwicklung – Diversität. Schorndorf: Hofmann, S. 25–38.

Zimmer, R. (2018): Wilde Spiele zum Austoben. Durch Bewegung zur Ruhe kommen. Freiburg: Herder.

Zimmer, R. (2019a): Handbuch Sinneswahrnehmung. Grundlagen einer ganzheitlichen Bildung und Erziehung. Freiburg: Herder.

Zimmer, R. (2019b): Handbuch Psychomotorik. Theorie und Praxis der psychomotorischen Förderung. Freiburg: Herder.

Zimmer, R. (2019c): Handbuch Sprache und Bewegung. Alltagsintegrierte Sprachbildung in der Kita. Freiburg: Herder.

Zimmer, R. (2019d): BaSiK – Begleitende alltagsintegrierte Sprachentwicklungsbeobachtung in Kindertageseinrichtungen (3. Aufl.). Freiburg: Herder.

Zimmer, R. (2020): Handbuch Bewegungserziehung. Grundlagen für Ausbildung und pädagogische Praxis. Freiburg: Herder.

Zimmer, R. (2021): Bewegung erleben in der Kita. Freiburg: Herder

Anhang

Im Folgenden finden sich die Normtabellen, die eine Zuordnung der Summenrohwerte der einzelnen Skalen zu Prozenträngen und T-Werten ermöglichen.

Norm- und Orientierungstabellen

Tabelle 21: Normtabelle MotorikPlus-U3: Kinder im Alter von 2;0–2;11 Jahren (N = 100)[7]

Summenrohwerte & T-Werte MotorikPlus-U3: 2;0–2;11 Jahre																			
KO		KA		FM		GG		TKW		VW		AW		EK		SK		KK	
RW	T	RW	T	RW	T	RW	T	RW	T	RW	T	RW	T	RW	T	RW	T	RW	T
8	<2	6	14	7	14	6	14	6	19	6	19	6	18	7	15	8	24	9	22
9	<2	7	18	8	18	7	18	7	23	7	25	7	25	8	18	9	27	10	27
10	2	8	25	9	20	8	21	8	27	8	30	8	29	9	21	10	27	11	29
11	3	9	29	10	23	9	24	9	33	9	33	9	32	10	26	11	28	12	34
12	5	10	30	11	25	10	26	10	36	10	35	10	34	11	28	12	33	13	37
13	7	11	34	12	28	11	30	11	37	11	37	11	36	12	31	13	36	14	38
14	10	12	36	13	32	12	34	12	40	12	39	12	37	13	34	14	37	15	38
15	13	13	37	14	35	13	37	13	42	13	41	13	38	14	36	15	39	16	39
16	15	14	38	15	37	14	41	14	43	14	42	14	40	15	37	16	42	17	41
17	18	15	41	16	40	15	43	15	44	15	43	15	42	16	40	17	43	18	43
18	27	16	43	17	42	16	44	16	47	16	44	16	44	17	42	18	44	19	44
19	32	17	44	18	45	17	46	17	49	17	46	17	45	18	44	19	44	20	45
20	33	18	45	19	47	18	48	18	51	18	48	18	46	19	45	20	46	21	45
21	34	19	47	20	49	19	49	19	53	19	50	19	49	20	46	21	48	22	46
22	36	20	50	21	52	20	51	20	55	20	52	20	51	21	48	22	49	23	47
23	38	21	54	22	54	21	52	21	57	21	55	21	53	22	51	23	50	24	48
24	40	22	58	23	55	22	54	22	61	22	58	22	54	23	53	24	52	25	50
25	41	23	62	24	57	23	59	23	64	23	60	23	58	24	55	25	53	26	51
26	43	24	68	25	58	24	65	24	70	24	65	24	65	25	58	26	54	27	52
27	44			26	61									26	61	27	57	28	53
28	47			27	66									27	64	28	60	29	55
29	50			28	73									28	69	29	63	30	56
30	54															30	65	31	58
31	57															31	69	32	59
32	63															32	76	33	60
																		34	62
																		35	64
																		36	69

Anmerkungen: KO = Koordination, KA = Kraft, Ausdauer; FM = Feinmotorik, GG = Gleichgewicht, TKW = Taktil-kinästhetische Wahrnehmung, VW = Visuelle Wahrnehmung, AW = Auditive Wahrnehmung, EK = Emotionale Kompetenzen, SK = Soziale Kompetenzen, KK = Kognitive Kompetenzen, N = Stichprobengröße, RW = Summenrohwert, T = zugehöriger T-Wert, dunkel unterlegter Bereich: unterdurchschnittlich entwickelte Kompetenz (ggf. zusätzliche Unterstützung erwägen), hell unterlegter Bereich: durchschnittlich entwickelte Kompetenz, nicht unterlegter Bereich: überdurchschnittliche bis sehr gut entwickelte Kompetenz

7 In dem Bereich „Koordination" fehlten im Rahmen der Erprobung manche niedrigen Summenrohwerte. Diese wurden auf Basis der Normalverteilung per Interpolation theoretisch nachträglich bestimmt. Fielen dabei die T-Werte in den negativen Bereich, wurde stattdessen der kleinstmögliche T-Wert als obere Grenze angegeben.

Tabelle 22: Orientierungstabelle MotorikPlus-U3: Kinder im Alter von 3;0–3;5 Jahren (N = 38)[8]

Summenrohwerte & T-Werte MotorikPlus-U3: 3;0–3;5 Jahre																			
KO		KA		FM		GG		TKW		VW		AW		EK		SK		KK	
RW	T	RW	T	RW	T	RW	T	RW	T	RW	T	RW	T	RW	T	RW	T	RW	T
8	<4	6	11	7	1	6	1	6	16	6	28	6	12	7	16	8	15	9	15
9	<4	7	14	8	5	7	3	7	20	7	31	7	16	8	19	9	19	10	18
10	<4	8	17	9	8	8	7	8	23	8	31	8	19	9	22	10	21	11	21
11	<4	9	29	10	11	9	10	9	29	9	31	9	28	10	29	11	24	12	23
12	<4	10	32	11	13	10	13	10	33	10	31	10	31	11	31	12	26	13	24
13	<4	11	32	12	16	11	28	11	35	11	31	11	31	12	31	13	28	14	26
14	<4	12	32	13	19	12	31	12	35	12	33	12	31	13	34	14	30	15	30
15	<4	13	34	14	22	13	31	13	37	13	34	13	33	14	37	15	32	16	33
16	<4	14	36	15	29	14	31	14	39	14	35	14	36	15	38	16	35	17	36
17	4	15	38	16	32	15	33	15	41	15	38	15	41	16	40	17	39	18	38
18	6	16	40	17	33	16	36	16	44	16	40	16	43	17	41	18	42	19	39
19	8	17	40	18	35	17	39	17	47	17	42	17	44	18	43	19	44	20	40
20	11	18	43	19	38	18	40	18	48	18	43	18	45	19	44	20	45	21	41
21	15	19	46	20	41	19	42	19	49	19	46	19	47	20	46	21	46	22	42
22	28	20	47	21	44	20	45	20	51	20	49	20	49	21	48	22	47	23	42
23	33	21	49	22	46	21	47	21	54	21	52	21	50	22	50	23	48	24	43
24	35	22	50	23	48	22	51	22	57	22	54	22	52	23	51	24	49	25	45
25	35	23	53	24	51	23	55	23	60	23	56	23	55	24	53	25	50	26	46
26	37	24	61	25	53	24	62	24	65	24	62	24	61	25	55	26	51	27	48
27	40			26	55									26	58	27	53	28	48
28	41			27	59									27	63	28	55	29	49
29	44			28	65									28	69	29	57	30	51
30	48															30	60	31	53
31	52															31	65	32	55
32	60															32	72	33	57
																		34	58
																		35	59
																		36	64

Anmerkungen: KO = Koordination, KA = Kraft, Ausdauer; FM = Feinmotorik, GG = Gleichgewicht, TKW = Taktil-kinästhetische Wahrnehmung, VW = Visuelle Wahrnehmung, AW = Auditive Wahrnehmung, EK = Emotionale Kompetenzen, SK = Soziale Kompetenzen, KK = Kognitive Kompetenzen, N = Stichprobengröße, RW = Summenrohwert, T = zugehöriger T-Wert, dunkel unterlegter Bereich: unterdurchschnittlich entwickelte Kompetenz (ggf. zusätzliche Unterstützung erwägen), hell unterlegter Bereich: durchschnittlich entwickelte Kompetenz, nicht unterlegter Bereich: überdurchschnittliche bis sehr gut entwickelte Kompetenz

8 In dem Bereich „Koordination" fehlten im Rahmen der Erprobung manche niedrigen Summenrohwerte. Diese wurden auf Basis der Normalverteilung per Interpolation theoretisch nachträglich bestimmt. Fielen dabei die T-Werte in den negativen Bereich, wurde stattdessen der kleinstmögliche T-Wert als obere Grenze angegeben.

Tabelle 23: Orientierungstabelle MotorikPlus-Ü3: Kinder im Alter von 3;0–3;11 Jahren (N = 90)

Summenrohwerte & T-Werte MotorikPlus-Ü3: 3;0–3;11 Jahre																			
KO		KA		FM		GG		TKW		VW		AW		EK		SK		KK	
RW	T	RW	T	RW	T	RW	T	RW	T	RW	T	RW	T	RW	T	RW	T	RW	T
8	25	6	29	8	23	7	25	6	25	6	19	6	17	8	20	8	22	9	23
9	28	7	33	9	28	8	27	7	30	7	24	7	21	9	24	9	29	10	29
10	30	8	34	10	29	9	29	8	33	8	29	8	24	10	29	10	31	11	33
11	32	9	35	11	33	10	30	9	35	9	31	9	30	11	32	11	32	12	36
12	33	10	37	12	36	11	31	10	37	10	33	10	33	12	34	12	34	13	38
13	36	11	39	13	39	12	33	11	39	11	35	11	35	13	36	13	36	14	39
14	38	12	42	14	43	13	36	12	43	12	38	12	38	14	37	14	38	15	40
15	39	13	44	15	46	14	38	13	46	13	42	13	39	15	39	15	40	16	42
16	41	14	46	16	48	15	40	14	48	14	44	14	41	16	42	16	42	17	44
17	43	15	48	17	50	16	42	15	50	15	46	15	43	17	43	17	44	18	45
18	45	16	49	18	51	17	43	16	52	16	48	16	45	18	44	18	46	19	46
19	47	17	50	19	52	18	45	17	54	17	50	17	46	19	45	19	47	20	47
20	49	18	52	20	54	19	46	18	55	18	52	18	49	20	46	20	48	21	47
21	50	19	53	21	55	20	47	19	57	19	53	19	51	21	47	21	49	22	49
22	51	20	55	22	57	21	48	20	58	20	55	20	53	22	49	22	50	23	51
23	53	21	56	23	59	22	49	21	62	21	58	21	55	23	51	23	50	24	52
24	55	22	59	24	62	23	50	22	65	22	60	22	56	24	52	24	51	25	52
25	56	23	62	25	64	24	52	23	68	23	63	23	60	25	54	25	52	26	53
26	58	24	67	26	66	25	54	24	73	24	68	24	65	26	56	26	55	27	54
27	60			27	69	26	58							27	57	27	56	28	56
28	62			28	71	27	61							28	60	28	56	29	57
29	65			29	73	28	65							29	62	29	57	30	58
30	68			30	75									30	65	30	60	31	61
31	72			31	79									31	69	31	64	32	63
32	75			32	85									32	75	32	70	33	63
																		34	64
																		35	66
																		36	71

Anmerkungen: KO = Koordination, KA = Kraft, Ausdauer; FM = Feinmotorik, GG = Gleichgewicht, TKW = Taktil-kinästhetische Wahrnehmung, VW = Visuelle Wahrnehmung, AW = Auditive Wahrnehmung, EK = Emotionale Kompetenzen, SK = Soziale Kompetenzen, KK = Kognitive Kompetenzen, N = Stichprobengröße, RW = Summenrohwert, T = zugehöriger T-Wert, dunkel unterlegter Bereich: unterdurchschnittlich entwickelte Kompetenz (ggf. zusätzliche Unterstützung erwägen), hell unterlegter Bereich: durchschnittlich entwickelte Kompetenz, nicht unterlegter Bereich: überdurchschnittliche bis sehr gut entwickelte Kompetenz

Tabelle 24: Normtabelle MotorikPlus-Ü3: Kinder im Alter von 4;0–4;11 Jahren (N = 117)

Summenrohwerte & T-Werte MotorikPlus-Ü3: 4;0–4;11 Jahre																			
KO		KA		FM		GG		TKW		VW		AW		EK		SK		KK	
RW	T	RW	T	RW	T	RW	T	RW	T	RW	T	RW	T	RW	T	RW	T	RW	T
8	12	6	24	8	13	7	1	6	24	6	9	6	3	8	8	8	9	9	15
9	15	7	26	9	24	8	5	7	28	7	13	7	6	9	12	9	12	10	18
10	24	8	28	10	26	9	8	8	30	8	24	8	10	10	15	10	15	11	21
11	28	9	31	11	26	10	10	9	31	9	28	9	13	11	17	11	24	12	27
12	30	10	34	12	28	11	24	10	33	12	31	10	16	12	19	12	26	13	30
13	30	11	35	13	30	12	26	11	34	13	34	11	26	13	27	13	26	14	32
14	30	12	36	14	32	13	28	12	36	14	36	12	31	14	29	14	29	15	33
15	32	13	37	15	34	14	31	13	38	15	38	13	32	15	31	15	31	16	34
16	34	14	38	16	35	15	32	14	40	16	40	14	34	16	33	16	32	17	35
17	36	15	40	17	36	16	33	15	41	17	42	15	36	17	33	17	32	18	36
18	38	16	42	18	38	17	34	16	43	18	44	16	37	18	35	18	34	19	37
19	40	17	44	19	41	18	35	17	45	19	46	17	39	19	36	19	38	20	38
20	41	18	45	20	43	19	37	18	47	20	49	18	40	20	38	20	40	21	40
21	42	19	47	21	45	20	39	19	49	21	51	19	43	21	41	21	41	22	41
22	43	20	48	22	47	21	41	20	52	22	54	20	46	22	44	22	42	23	42
23	43	21	50	23	49	22	41	21	55	23	57	21	49	23	46	23	43	24	44
24	44	22	53	24	50	23	43	22	59	24	64	22	51	24	48	24	44	25	45
25	46	23	57	25	52	24	46	23	62			23	54	25	50	25	46	26	45
26	49	24	65	26	55	25	48	24	67			24	61	26	52	26	49	27	47
27	53			27	58	26	51							27	54	27	50	28	49
28	55			28	61	27	56							28	56	28	53	29	50
29	58			29	65	28	63							29	58	29	55	30	52
30	61			30	69									30	62	30	58	31	54
31	64			31	71									31	65	31	63	32	56
32	69			32	76									32	71	32	69	33	58
																		34	60
																		35	62
																		36	68

Anmerkungen: KO = Koordination, KA = Kraft, Ausdauer; FM = Feinmotorik, GG = Gleichgewicht, TKW = Taktil-kinästhetische Wahrnehmung, VW = Visuelle Wahrnehmung, AW = Auditive Wahrnehmung, EK = Emotionale Kompetenzen, SK = Soziale Kompetenzen, KK = Kognitive Kompetenzen, N = Stichprobengröße, RW = Summenrohwert, T = zugehöriger T-Wert, dunkel unterlegter Bereich: unterdurchschnittlich entwickelte Kompetenz (ggf. zusätzliche Unterstützung erwägen), hell unterlegter Bereich: durchschnittlich entwickelte Kompetenz, nicht unterlegter Bereich: überdurchschnittliche bis sehr gut entwickelte Kompetenz

Tabelle 25: Normtabelle MotorikPlus-Ü3: Kinder im Alter von 5;0–5;11 Jahren (N = 105)[9]

Summenrohwerte & T-Werte MotorikPlus-Ü3: 5;0–5;11 Jahre																			
KO		KA		FM		GG		TKW		VW		AW		EK		SK		KK	
RW	T	RW	T	RW	T	RW	T	RW	T	RW	T	RW	T	RW	T	RW	T	RW	T
8	<2	6	3	8	8	7	<3	6	2	6	<4	6	<4	8	3	8	6	9	2
9	2	7	6	9	11	8	<3	7	5	7	<4	7	<4	9	7	9	10	10	6
10	5	8	9	10	14	9	<3	8	9	8	<4	8	<4	10	9	10	12	11	8
11	7	9	12	11	16	10	<3	9	12	9	4	9	<4	11	12	11	24	12	10
12	10	10	24	12	18	11	<3	10	15	10	24	10	4	12	14	12	27	13	24
13	12	11	28	13	20	12	3	11	18	11	27	11	6	13	16	13	28	14	27
14	14	12	29	14	23	13	6	12	25	12	27	12	8	14	19	14	29	15	27
15	25	13	31	15	28	14	9	13	29	13	27	13	12	15	27	15	29	16	27
16	28	14	33	16	31	15	24	14	31	14	28	14	16	16	31	16	31	17	28
17	30	15	34	17	33	16	28	15	35	15	31	15	25	17	32	17	32	18	29
18	31	16	37	18	36	17	29	16	38	16	33	16	31	18	33	18	33	19	29
19	31	17	39	19	38	18	30	17	40	17	36	17	35	19	34	19	35	20	30
20	33	18	41	20	39	19	32	18	43	18	38	18	38	20	35	20	36	21	32
21	35	19	43	21	41	20	34	19	45	19	40	19	40	21	36	21	36	22	32
22	38	20	45	22	42	21	37	20	47	20	43	20	41	22	39	22	37	23	34
23	40	21	47	23	43	22	39	21	48	21	45	21	44	23	41	23	40	24	37
24	42	22	49	24	44	23	41	22	51	22	46	22	47	24	43	24	43	25	40
25	43	23	53	25	46	24	43	23	56	23	49	23	50	25	46	25	45	26	41
26	44	24	60	26	48	25	45	24	62	24	57	24	58	26	47	26	47	27	41
27	44			27	51	26	47							27	49	27	48	28	42
28	46			28	53	27	51							28	52	28	49	29	43
29	49			29	56	28	59							29	54	29	50	30	45
30	52			30	58									30	56	30	52	31	47
31	56			31	61									31	58	31	55	32	49
32	63			32	67									32	64	32	61	33	50
																		34	51
																		35	54
																		36	60

Anmerkungen: KO = Koordination, KA = Kraft, Ausdauer; FM = Feinmotorik, GG = Gleichgewicht, TKW = Taktil-kinästhetische Wahrnehmung, VW = Visuelle Wahrnehmung, AW = Auditive Wahrnehmung, EK = Emotionale Kompetenzen, SK = Soziale Kompetenzen, KK = Kognitive Kompetenzen, N = Stichprobengröße, RW = Summenrohwert, T = zugehöriger T-Wert, dunkel unterlegter Bereich: unterdurchschnittlich entwickelte Kompetenz (ggf. zusätzliche Unterstützung erwägen), hell unterlegter Bereich: durchschnittlich entwickelte Kompetenz, nicht unterlegter Bereich: überdurchschnittliche bis sehr gut entwickelte Kompetenz

9 In dieser Normtabelle existiert in den Bereichen „Gleichgewicht", „Auditive Wahrnehmung" und „Visuelle Wahrnehmung" kein überdurchschnittlicher Bereich, da der höchste Summenrohwert bereits vom Durchschnitt aller Kinder erreicht wird. In diesen Bereichen sowie im Bereich „Koordination" fehlten im Rahmen der Erprobung manche niedrigen Summenrohwerte. Diese wurden auf Basis der Normalverteilung per Interpolation theoretisch nachträglich bestimmt. Fielen dabei die T-Werte in den negativen Bereich, wurde stattdessen der kleinstmögliche T-Wert als obere Grenze angegeben.

Tabelle 26: Orientierungstabelle MotorikPlus-Ü3: Kinder im Alter von 6;0–6;11 Jahren (N = 40)[10]

Summenrohwerte & T-Werte MotorikPlus-Ü3: 6;0–6;11 Jahre																			
KO		KA		FM		GG		TKW		VW		AW		EK		SK		KK	
RW	T	RW	T	RW	T	RW	T	RW	T	RW	T	RW	T	RW	T	RW	T	RW	T
8	<2	6	<2	8	4	7	<1	6	8	6	<2	6	4	8	7	8	6	9	11
9	<2	7	<2	9	7	8	<1	7	12	7	<2	7	8	9	10	9	9	10	14
10	<2	8	<2	10	10	9	1	8	14	8	<2	8	11	10	12	10	12	11	16
11	2	9	2	11	12	10	4	9	17	9	2	9	13	11	15	11	14	12	18
12	5	10	6	12	14	11	6	10	20	10	6	10	16	12	17	12	16	13	20
13	7	11	9	13	28	12	28	11	28	11	9	11	19	13	19	13	18	14	22
14	10	12	28	14	30	13	30	12	31	12	13	12	22	14	28	14	21	15	23
15	28	13	30	15	32	14	30	13	33	13	16	13	33	15	31	15	23	16	33
16	30	14	32	16	34	15	30	14	37	14	20	14	37	16	32	16	31	17	34
17	30	15	34	17	34	16	30	15	39	15	31	15	37	17	35	17	35	18	34
18	32	16	34	18	34	17	32	16	39	16	35	16	38	18	36	18	36	19	36
19	34	17	34	19	35	18	35	17	41	17	37	17	40	19	37	19	36	20	38
20	34	18	35	20	36	19	36	18	42	18	40	18	41	20	38	20	36	21	39
21	34	19	38	21	36	20	36	19	43	19	41	19	42	21	39	21	37	22	40
22	35	20	41	22	37	21	37	20	45	20	41	20	43	22	39	22	40	23	41
23	36	21	44	23	39	22	38	21	47	21	42	21	46	23	40	23	42	24	41
24	36	22	46	24	42	23	38	22	50	22	44	22	49	24	41	24	43	25	41
25	38	23	49	25	43	24	39	23	53	23	47	23	52	25	44	25	45	26	41
26	41	24	57	26	45	25	41	24	60	24	57	24	59	26	47	26	48	27	42
27	42			27	46	26	43							27	49	27	49	28	43
28	43			28	48	27	46							28	52	28	50	29	45
29	46			29	53	28	56							29	55	29	53	30	45
30	50			30	57									30	57	30	56	31	46
31	55			31	60									31	60	31	59	32	48
32	61			32	66									32	65	32	65	33	49
																		34	53
																		35	56
																		36	66

Anmerkungen: KO = Koordination, KA = Kraft, Ausdauer; FM = Feinmotorik, GG = Gleichgewicht, TKW = Taktil-kinästhetische Wahrnehmung, VW = Visuelle Wahrnehmung, AW = Auditive Wahrnehmung, EK = Emotionale Kompetenzen, SK = Soziale Kompetenzen, KK = Kognitive Kompetenzen, N = Stichprobengröße, RW = Summenrohwert, T = zugehöriger T-Wert, dunkel unterlegter Bereich: unterdurchschnittlich entwickelte Kompetenz (ggf. zusätzliche Unterstützung erwägen), hell unterlegter Bereich: durchschnittlich entwickelte Kompetenz, nicht unterlegter Bereich: überdurchschnittliche bis sehr gut entwickelte Kompetenz

10 In dieser Orientierungstabelle existiert in den Bereichen „Kraft, Ausdauer“, „Gleichgewicht“, „Auditive Wahrnehmung“ und „Visuelle Wahrnehmung“ kein überdurchschnittlicher Bereich, da der höchste Summenrohwert bereits vom Durchschnitt aller Kinder erreicht wird. In diesen Bereichen (Ausnahme: „Auditive Wahrnehmung“) sowie im Bereich „Koordination“ fehlten im Rahmen der Erprobung manche niedrigen Summenrohwerte. Diese wurden auf Basis der Normalverteilung per Interpolation theoretisch nachträglich bestimmt. Fielen dabei die T-Werte in den negativen Bereich, wurde stattdessen der kleinstmögliche T-Wert als obere Grenze angegeben.

Protokollbogen
MotorikPlus-U3-Version

MotorikPlus auf einen Blick:

Hinweise für die praktische Anwendung im Alltag

1. Was bedeutet „entwicklungs- und prozessbegleitende Beobachtung und Dokumentation"?

Bei **MotorikPlus** erfolgt die Beobachtung der motorischen, sensorischen, sozialen, emotionalen und kognitiven Kompetenzen nicht einmalig und punktuell (z.B. in Form eines Tests), sondern „begleitend" im pädagogischen Alltag – mit dem Ziel, den Verlauf der Entwicklung eines Kindes kontinuierlich zu dokumentieren. Daher sind pro Item (Beobachtungsaufgabe) drei Zeilen zum Ankreuzen (Zeitraum 1, 2, 3) vorgegeben, die drei aufeinanderfolgende Zeitpunkte der Beobachtung und Dokumentation markieren.

2. Warum wird die Sprachentwicklung nicht berücksichtigt?

MotorikPlus wurde in Ergänzung zu **BaSiK** (Zimmer 2014, 2015, 2019d), welches zur Beobachtung sprachlicher Kompetenzen konstruiert wurde, entwickelt. Somit dient **BaSiK** der detaillierten Dokumentation sprachlicher Kompetenzen.

3. Welcher Beobachtungszeitraum ist vorgesehen und wie oft muss ich mit MotorikPlus beobachten?

Die Grundlage der Dokumentation sollten unterschiedliche Beobachtungssituationen aus den letzten vier Wochen bilden. Dabei wird empfohlen, während der Beobachtung Beispielsituationen zu notieren. Um den Prozess der Entwicklung anhand von **MotorikPlus** begleiten und unterstützen zu können, sollte einmal jährlich beobachtet und dokumentiert werden. In besonderen Fällen (z.B. wenn Beeinträchtigungen in der Entwicklung erkannt wurden) ist eine mindestens halbjährliche Beobachtung ratsam. Bei jährlicher Beobachtung kann ein Bogen drei Jahre verwendet werden, da pro Item (Beobachtungsaufgabe) drei Zeilen zum Ankreuzen vorgegeben sind. Halbjährliche Beobachtungen können zudem mit unterschiedlichen Farben eingetragen werden.

4. Welchen Bogen verwende ich für welche Kinder?

Zur Beobachtung und Dokumentation stehen Ihnen zwei Versionen von **MotorikPlus** zur Verfügung. Je nach Alter des Kindes wird entweder die **MotorikPlus-U3-Version** oder die **MotorikPlus-Ü3-Version** verwendet:

- Kinder im Alter von 1;0–3;5 Jahren: **MotorikPlus-U3-Protokollbogen**
- Kinder im Alter von 3;0–6;11 Jahren: **MotorikPlus-Ü3-Protokollbogen**

Die Überschneidung der Altersbereiche wurde bewusst gewählt, da die Entwicklung der Kompetenzen individuell sehr unterschiedlich verläuft. Somit können dreijährige Kinder je nach individueller Entwicklung mit dem **MotorikPlus-U3-** oder dem **MotorikPlus-Ü3-Protokollbogen** ressourcenorientiert beobachtet werden.

5. Wie ist die Bewertungsskala aufgebaut?

Die Skala enthält insgesamt vier Stufen; sie beginnt mit „trifft voll und ganz zu" und endet mit „trifft noch nicht zu". Bitte beachten Sie hierbei, dass die Skala mit dem Maximum startet. Bei jeder Beobachtungsaufgabe wurde vorab überprüft, ob sie sich in vier Schritte zerlegen lässt. Eventuell erscheint Ihnen nicht bei jeder Beobachtungsaufgabe eine Abstufung in vier Schritte sinnvoll – hier kann die Beschreibung der Entwicklungs- und Kompetenzbereiche im Manual hilfreich sein (siehe Kapitel 2).

6. Was muss ich beachten, wenn ich entwicklungsbeeinträchtigte Kinder mit MotorikPlus beobachte?

Bei Kindern mit Entwicklungsbeeinträchtigungen können die vorgegebenen Altersgrenzen vernachlässigt werden. Je nach Beeinträchtigung können zudem bestimmte Bereiche ausgelassen werden.

7. Was kreuze ich an, wenn das Kind bereits über bestimmte Fähigkeiten verfügt?

In **MotorikPlus** wurde eine Beobachtungsskala von „1" (trifft noch nicht zu) bis „4" (trifft voll und ganz zu) gewählt. Manche Items erscheinen ab einem bestimmten Zeitpunkt wenig informativ, da die Kinder die geschilderte Kompetenz längst erworben bzw. schon weiterentwickelt haben (z.B. „Das Kind kann auf einem Bein stehen"). Für den Fall, dass eine quantitative Auswertung erfolgen soll, ist bei diesen Items eine „4" anzukreuzen. Ansonsten kann statt des Ankreuzens auch eine Notiz in dem freien Bereich für „Erläuterungen/Beispielsituationen o.Ä." eingetragen werden.

8. Wie werte ich MotorikPlus aus?

Es gibt zwei Möglichkeiten, **MotorikPlus** auszuwerten: Bei der **qualitativen Auswertung** steht der individuelle Erkenntnisgewinn für die spätere Bildung und Begleitung des Kindes im Vordergrund. Die Beobachtungsaufgaben werden einzeln betrachtet, wobei den Erläuterungen und Beispielsituationen in der rechten Spalte eine hohe Bedeutung zukommt. Es sollen sowohl die Ressourcen eines Kindes erkannt als auch mögliche Herausforderungen bzw. Entwicklungspotenziale aufgedeckt werden (siehe Kapitel 3 im Manual). Darauf aufbauend können Situationen und Anregungen abgeleitet werden, die natürliche Bewegungsanlässe des pädagogischen Alltags aufgreifen. Bei der **quantitativen Auswertung** steht die Erstellung eines Entwicklungs- und Kompetenzprofils, welches die Entwicklung des Kindes – im Vergleich zu vorangegangenen Beobachtungszeiträumen und zu gleichaltrigen Kindern – abbildet. Sie kann frühestens nach dem vollendeten zweiten Geburtstag des Kindes erfolgen. Hierzu können alle angekreuzten Zahlen in einem Bereich entweder direkt zusammengezählt oder zunächst auf der Auswertungsschablone eingetragen und dann addiert werden. In einem weiteren Schritt werden die zu diesen Summenwerten zugehörigen Norm bzw. Orientierungswerte aus den im Anhang des Manuals zur Verfügung stehenden Tabellen ausgewählt (siehe Kapitel 5.2.2 im Manual). Abschließend können Norm- bzw. Orientierungswerte der Kompetenzbereiche in das Entwicklungs- und Kompetenzprofil, das sich am Ende des Protokollbogens befindet, eingetragen werden. Es wird empfohlen, alle Dokumentationszeiträume mit unterschiedlichen Farben einzutragen, sodass der individuelle Entwicklungsverlauf direkt ersichtlich wird.

9. Von der Beobachtung zur Bildung und Förderung

Neben der Beobachtung der motorischen, sensorischen, sozialen, emotionalen und kognitiven Kompetenzen soll **MotorikPlus** auch dazu beitragen, den Blick für die Möglichkeiten einer Unterstützung der Entwicklung von Kindern im Alltag zu schulen. Es kann sich hierbei zum einen um konkrete Spielideen handeln, zum anderen können auch alltägliche Bewegungsanlässe, in denen Kinder handeln, spielen, ihre Umwelt erkunden und sich körperlich betätigen, aufgegriffen werden. Beides kann der pädagogischen Fachkraft als Anregung für die praktische Arbeit dienen. Im Vordergrund sollten dabei die Ressourcen und Interessen des Kindes stehen. Anregungen dazu finden Sie in Kapitel 8 im Manual.

Fragen zum Kind

Vorname: ______________________

Nachname: ______________________

Geschlecht: ______________________

	Jahr	Monat	Tag
Geburtsdatum			

Name der Einrichtung: ______________________

Durchgeführt von: ______________________

Beobachtungszeitraum	1. ______	2. ______	3. ______
Alter des Kindes			

Eintritt in die Kita mit ______; ______ (Angabe in Jahren, Monaten)

Wie viele Geschwister hat das Kind und welche Reihung liegt vor? (Ist das Kind z.B. das zweite von drei Kindern, das jüngste von vier Kindern?)

____

Erhält das Kind Unterstützung im Bereich Bewegung und Wahrnehmung?

O Physiotherapie/Ergotherapie O Frühförderung O Psychomotorische Förderung Seit: ____ Monaten O Nein

Andere Unterstützung: ______________________

Befindet sich das Kind in einer weiteren therapeutischen Behandlung?

O Wenn ja, welche: ______________________ Seit: ____ Monaten O Nein

Liegt eine medizinisch diagnostizierte Entwicklungsverzögerung oder Behinderung vor?

O Wenn ja, welche: ______________________ O Nein

Nimmt das Kind an einem Bewegungsangebot außerhalb der Kita teil?

O Wenn ja, an welchem: ____________________ O Nein

Besucht das Kind einen Schwimmkurs?

O Ja O Nein

Kann das Kind schwimmen?

O Ja O Nein

Hat es das Seepferdchen?

O Ja O Nein

	Jahr	Monat
In welchem Alter hat das Kind die ersten freien Schritte gemacht?		

Notizen

Koordination

Das Kind …	Zeitraum	4 trifft voll und ganz zu	3	2	1 trifft noch nicht zu	Erläuterungen, Beispielsituationen o.Ä.
1) … kann auf Möbelstücke (Hocker, Sofa, Sessel, Stuhl) klettern und wieder herunterkommen.	1	O	O	O	O	
	2	O	O	O	O	
	3	O	O	O	O	
2) … kann Treppenstufen hoch- und herabsteigen (mit Nachstellschritten und Festhalten am Geländer).	1	O	O	O	O	
	2	O	O	O	O	
	3	O	O	O	O	
3) … kann einige Schritte (ca. 3) rückwärtsgehen (z.B. bei Bewegungsspielen, in denen zum Rückwärtsbewegen aufgefordert wird).	1	O	O	O	O	
	2	O	O	O	O	
	3	O	O	O	O	
4) … kann an einem Klettergerüst oder an einer Sprossenwand mindestens zwei Stufen hochklettern.	1	O	O	O	O	
	2	O	O	O	O	
	3	O	O	O	O	
5) … kann sich auf einfachen Fahrgeräten (Bobbycar, Rutschauto) fortbewegen.	1	O	O	O	O	
	2	O	O	O	O	
	3	O	O	O	O	
6) … kann einige Meter auf einem Laufrad fahren, die Richtung lenken und sich mit den Füßen im Wechselschritt vom Boden abdrücken.	1	O	O	O	O	
	2	O	O	O	O	
	3	O	O	O	O	
7) … kann einen großen, leichten Ball oder ein Kissen beidhändig werfen (über den Kopf oder vor dem Körper gehalten).	1	O	O	O	O	
	2	O	O	O	O	
	3	O	O	O	O	
8) … kann einen großen, leichten Ball oder ein Kissen auffangen (dabei ggf. unterstützend den Körper zur Hilfe nehmen, mit beiden Händen).	1	O	O	O	O	
	2	O	O	O	O	
	3	O	O	O	O	

In diesem Bereich wurde beobachtet:	Daraus folgt für den pädagogischen Alltag:

Kraft, Ausdauer

Das Kind ...	Zeitraum	trifft voll und ganz zu 4	3	2	trifft noch nicht zu 1	Erläuterungen, Beispielsituationen o.Ä.
1) ... kann sich an eine Querstange (oder Reckstange) hängen und das eigene Körpergewicht kurz (ca. 3 Sekunden) halten.	1	O	O	O	O	
	2	O	O	O	O	
	3	O	O	O	O	
2) ... kann von einer niedrigen Mauer oder einer Treppenstufe herabspringen und sich dabei auffangen (z.B. in der Hocke landen).	1	O	O	O	O	
	2	O	O	O	O	
	3	O	O	O	O	
3) ... kann sich mit beiden Armen über eine Bank (z.B. im Bewegungsraum) oder wie eine Schlange über den Boden ziehen.	1	O	O	O	O	
	2	O	O	O	O	
	3	O	O	O	O	
4) ... kann einen Wasserhahn öffnen und schließen (Wasserhahn zum Aufdrehen).	1	O	O	O	O	
	2	O	O	O	O	
	3	O	O	O	O	
5) ... kann größere Gegenstände (Hocker, Kasten) schieben oder ziehen (z.B. zum Bauen bei Bewegungsbaustellen).	1	O	O	O	O	
	2	O	O	O	O	
	3	O	O	O	O	
6) ... kann bei Fangspielen oder anderen Laufspielen kurze Zeit kontinuierlich laufen (mindestens 1 Minute).	1	O	O	O	O	
	2	O	O	O	O	
	3	O	O	O	O	

In diesem Bereich wurde beobachtet:	Daraus folgt für den pädagogischen Alltag:

Feinmotorik

Das Kind …	Zeitraum	trifft voll und ganz zu 4	3	2	trifft noch nicht zu 1	Erläuterungen, Beispielsituationen o.Ä.
1) … kann Dosen und Gläser mit Schraubverschluss auf- und zuschrauben.	1	○	○	○	○	
	2	○	○	○	○	
	3	○	○	○	○	
2) … kann mit einer Gabel Nahrung (Nudeln, Obst) „aufpieksen".	1	○	○	○	○	
	2	○	○	○	○	
	3	○	○	○	○	
3) … kann Buchseiten einzeln umblättern.	1	○	○	○	○	
	2	○	○	○	○	
	3	○	○	○	○	
4) … kann kleinere Gegenstände in Behälter mit schmalen Öffnungen stecken (z.B. im Spiel mit einem Formbrett, Geld in die Spardose stecken).	1	○	○	○	○	
	2	○	○	○	○	
	3	○	○	○	○	
5) … kann einen Schlüssel in ein Schlüsselloch (Schrank) stecken und ihn drehen (das Schloss muss dabei nicht geöffnet werden).	1	○	○	○	○	
	2	○	○	○	○	
	3	○	○	○	○	
6) … kann mit einem Stift eine Linie entlangfahren und überschreitet diese dabei nicht wesentlich (Kind orientiert sich in der Bewegungsrichtung an der Linie).	1	○	○	○	○	
	2	○	○	○	○	
	3	○	○	○	○	
7) … kann aus Knetmasse einfache Formen (Schlangen, Kugeln) herstellen.	1	○	○	○	○	
	2	○	○	○	○	
	3	○	○	○	○	

In diesem Bereich wurde beobachtet:	Daraus folgt für den pädagogischen Alltag:

Gleichgewicht (vestibuläre Wahrnehmung)

Das Kind …	Zeitraum	4 trifft voll und ganz zu	3	2	1 trifft noch nicht zu	Erläuterungen, Beispielsituationen o.Ä.
1) … kann auf einem Bein stehen (ca. 3 Sekunden), versucht zum Beispiel, ein Bein kurz anzuheben und stehen zu bleiben, will beim Anziehen helfen.	1	○	○	○	○	
	2	○	○	○	○	
	3	○	○	○	○	
2) … kann sicher über eine auf dem Boden aufgezeichnete Linie gehen und dabei die Richtung beibehalten.	1	○	○	○	○	
	2	○	○	○	○	
	3	○	○	○	○	
3) … kann balancieren (z.B. über eine breite Bank, im Bewegungsraum oder im Außengelände), stabilisiert dabei das Gleichgewicht durch seitliches Ausbreiten der Arme o.Ä.	1	○	○	○	○	
	2	○	○	○	○	
	3	○	○	○	○	
4) … kann über ein Hindernis springen (z.B. über ein am Boden liegendes Seil, eine Teppichfliese) und danach wieder stehen bleiben (also den Schwung wieder auffangen).	1	○	○	○	○	
	2	○	○	○	○	
	3	○	○	○	○	
5) … kann einen mit Wasser gefüllten Becher (ca. ¾ voll) von einem Ort (Tisch) zu einem anderen tragen (ca. 2 m weit), ohne das Wasser zu verschütten (z.B. beim Tischdecken).	1	○	○	○	○	
	2	○	○	○	○	
	3	○	○	○	○	
6) … kann einen Gegenstand aus dem Stehen vom Boden aufheben und sich wieder aufrecht hinstellen (z.B. beim Einräumen von Gegenständen oder beim Spiel mit Kegeln).	1	○	○	○	○	
	2	○	○	○	○	
	3	○	○	○	○	

In diesem Bereich wurde beobachtet:	Daraus folgt für den pädagogischen Alltag:

Taktil-kinästhetische Wahrnehmung

Das Kind …	Zeitraum	trifft voll und ganz zu 4	3	2	trifft noch nicht zu 1	Erläuterungen, Beispielsituationen o.Ä.
1) … kann Berührungen am eigenen Körper spüren und lokalisieren (z.B. bei dem Spiel „Die Mücke hat gepiekst – an welcher Stelle?“).	1	O	O	O	O	
	2	O	O	O	O	
	3	O	O	O	O	
2) … kann Oberflächen unterscheiden (z.B. rau, glatt, bei Fühlbüchern, Stoff oder bei verschiedenen Materialien wie Holz und Fliesen).	1	O	O	O	O	
	2	O	O	O	O	
	3	O	O	O	O	
3) … kann Gewichte unterscheiden (leicht, schwer, z.B. bei Steinen mit unterschiedlichem Gewicht).	1	O	O	O	O	
	2	O	O	O	O	
	3	O	O	O	O	
4) … kann die eigene Bewegung Hindernissen anpassen (z.B. sich klein machen beim Hindurchwinden, im Bewegungsparcours, beim Verstecken unter niedrigen Stühlen).	1	O	O	O	O	
	2	O	O	O	O	
	3	O	O	O	O	
5) … kann seine Muskulatur willentlich anspannen und entspannen (z.B. bei Entspannungsspielen).	1	O	O	O	O	
	2	O	O	O	O	
	3	O	O	O	O	
6) … kann seine Körperkraft dosiert einsetzen (z.B. ein Kuscheltier oder ein anderes Kind streicheln).	1	O	O	O	O	
	2	O	O	O	O	
	3	O	O	O	O	

In diesem Bereich wurde beobachtet: **Daraus folgt für den pädagogischen Alltag:**

Visuelle Wahrnehmung

Das Kind …	Zeitraum	trifft voll und ganz zu 4	3	2	trifft noch nicht zu 1	Erläuterungen, Beispielsituationen o.Ä.
1) … kann Formen erkennen (z.B. Rechteck, Quadrat, Dreieck).	1	○	○	○	○	
	2	○	○	○	○	
	3	○	○	○	○	
2) … kann Farben erkennen.	1	○	○	○	○	
	2	○	○	○	○	
	3	○	○	○	○	
3) … kann in einem Suchbild einen einfachen Gegenstand (Ball) finden (z.B. in einem Wimmelbild).	1	○	○	○	○	
	2	○	○	○	○	
	3	○	○	○	○	
4) … kann Gesehenes wiedererkennen (z.B. eine Figur in Büchern, im Alltag, Bezugspersonen auf Fotos).	1	○	○	○	○	
	2	○	○	○	○	
	3	○	○	○	○	
5) … kann sich Gegenstände oder Verstecke im Raum merken (weiß z.B. wo bestimmte Dinge zu finden sind).	1	○	○	○	○	
	2	○	○	○	○	
	3	○	○	○	○	
6) … kann einen Luftballon mit der Hand in der Luft treffen.	1	○	○	○	○	
	2	○	○	○	○	
	3	○	○	○	○	

In diesem Bereich wurde beobachtet:	Daraus folgt für den pädagogischen Alltag:

Auditive Wahrnehmung

Das Kind …	Zeitraum	4 trifft voll und ganz zu	3	2	1 trifft noch nicht zu	Erläuterungen, Beispielsituationen o.Ä.
1) … kann Geräusche erkennen und sie bestimmten Gegenständen zuordnen (z.B. Telefon, Türklingel).	1	○	○	○	○	
	2	○	○	○	○	
	3	○	○	○	○	
2) … kann ein Geräusch lokalisieren/hören, aus welcher Richtung es kommt (z.B. schaut zur Tür, wenn geklopft wird).	1	○	○	○	○	
	2	○	○	○	○	
	3	○	○	○	○	
3) …kann auf vereinbarte akustische Signale reagieren (z.B. bei Klatschen loslaufen).	1	○	○	○	○	
	2	○	○	○	○	
	3	○	○	○	○	
4) … kann sich eine Zeit lang (ca. 5 Minuten) auf Gehörtes konzentrieren (z.B. auf eine kurze Geschichte, die erzählt wird).	1	○	○	○	○	
	2	○	○	○	○	
	3	○	○	○	○	
5) … kann eine bestimmte Geräuschquelle aus Nebengeräuschen heraushören (z.B. ein Signal, welches das Ende eines Spiels einläutet).	1	○	○	○	○	
	2	○	○	○	○	
	3	○	○	○	○	
6) …. kann sich eine einfache Melodie merken und sie nachsummen.	1	○	○	○	○	
	2	○	○	○	○	
	3	○	○	○	○	

In diesem Bereich wurde beobachtet:

Daraus folgt für den pädagogischen Alltag:

Emotionale Kompetenzen

Das Kind …	Zeitraum	4 trifft voll und ganz zu	3	2	1 trifft noch nicht zu	Erläuterungen, Beispielsituationen o.Ä.
1) … hat Freude an Spiel und Bewegung, bewegt sich gerne (geht z.B. gerne nach draußen oder in den Bewegungsraum).	1	○	○	○	○	
	2	○	○	○	○	
	3	○	○	○	○	
2) … ist aktiv und zeigt Initiative (macht z.B. Spielvorschläge in der Gruppe, hat Ideen beim Erproben von Spielmaterialien).	1	○	○	○	○	
	2	○	○	○	○	
	3	○	○	○	○	
3) … wagt sich auch an schwierige/neue Aufgaben heran (z.B. beim Steigen auf eine Mauer oder beim Klettern am Klettergerüst).	1	○	○	○	○	
	2	○	○	○	○	
	3	○	○	○	○	
4) … bleibt auch bei einem Misserfolg zuversichtlich (gibt nicht sofort auf, wenn es ihm z.B. nicht alleine gelingt, auf den Kasten zu klettern oder einen Turm zu bauen).	1	○	○	○	○	
	2	○	○	○	○	
	3	○	○	○	○	
5) … vertritt seine Wünsche und Bedürfnisse, widerspricht dabei auch einmal (schüttelt z.B. energisch den Kopf).	1	○	○	○	○	
	2	○	○	○	○	
	3	○	○	○	○	
6) … kann mit den eigenen Gefühlen umgehen, kann sie regulieren (z.B. sich bei Aufregung schnell wieder beruhigen, Ärger angemessen ausdrücken).	1	○	○	○	○	
	2	○	○	○	○	
	3	○	○	○	○	
7) … kann eigene Grenzen setzen, wenn etwas passiert, was es nicht mag (sagt z.B.: „Hör auf", „Lass das").	1	○	○	○	○	
	2	○	○	○	○	
	3	○	○	○	○	

In diesem Bereich wurde beobachtet:	Daraus folgt für den pädagogischen Alltag:

Soziale Kompetenzen

Das Kind …	Zeitraum	trifft voll und ganz zu 4	3	2	trifft noch nicht zu 1	Erläuterungen, Beispielsituationen o.Ä.
1) … kann warten, bis es an der Reihe ist (z.B. in Gruppengesprächen, beim Essen oder beim Rutschen).	1	○	○	○	○	
	2	○	○	○	○	
	3	○	○	○	○	
2) … fragt um Erlaubnis, wenn es etwas benutzen möchte, das jemand anderem gehört (z.B. das Spielzeug eines anderen Kindes).	1	○	○	○	○	
	2	○	○	○	○	
	3	○	○	○	○	
3) … ist anderen gegenüber hilfsbereit (hilft anderen Kindern, teilt sein Spielzeug).	1	○	○	○	○	
	2	○	○	○	○	
	3	○	○	○	○	
4) … spielt mit einem anderen Kind mindestens 5 Minuten gemeinsam (z.B. Fangen, Verstecken, Rollenspiele).	1	○	○	○	○	
	2	○	○	○	○	
	3	○	○	○	○	
5) … findet Kontakt zu anderen, ist aufgeschlossen.	1	○	○	○	○	
	2	○	○	○	○	
	3	○	○	○	○	
6) … hält sich an Regeln und Vereinbarungen (im Alltag oder bei einem Spiel).	1	○	○	○	○	
	2	○	○	○	○	
	3	○	○	○	○	
7) … geht auf die Spielideen anderer Kinder ein, ist zu Kompromissen bereit.	1	○	○	○	○	
	2	○	○	○	○	
	3	○	○	○	○	
8) … kann auch die eigenen Bedürfnisse durchsetzen, verteidigt z.B. das eigene Spielzeug.	1	○	○	○	○	
	2	○	○	○	○	
	3	○	○	○	○	

In diesem Bereich wurde beobachtet:	Daraus folgt für den pädagogischen Alltag:

Kognitive Kompetenzen

Das Kind …	Zeitraum	trifft voll und ganz zu 4	3	2	trifft noch nicht zu 1	Erläuterungen, Beispielsituationen o.Ä.
1) … kann sich über eine kurze Zeit (ca. 10 Minuten) gut konzentrieren und aufmerksam sein (z.B. beim Betrachten von Bilderbüchern, Zuhören bei Geschichten, im Spiel).	1	○	○	○	○	
	2	○	○	○	○	
	3	○	○	○	○	
2) … ist wissbegierig und interessiert (auch bei neuen, unbekannten Aufgaben).	1	○	○	○	○	
	2	○	○	○	○	
	3	○	○	○	○	
3) … erforscht neugierig die Funktion von Gegenständen (lässt z.B. einen Ball auf den Boden springen).	1	○	○	○	○	
	2	○	○	○	○	
	3	○	○	○	○	
4) … kann Dinge nach Farben, Formen oder Größen ordnen und sortieren (erkennt Muster, die sich wiederholen).	1	○	○	○	○	
	2	○	○	○	○	
	3	○	○	○	○	
5) … kann Gegenstände oder Lebewesen nach bestimmten Dimensionen zuordnen (alle Bälle sind rund oder alle Vögel können fliegen, haben zwei Beine oder Flügel).	1	○	○	○	○	
	2	○	○	○	○	
	3	○	○	○	○	
6) … versteht einfache Spielregeln (z.B. bei Fangspielen).	1	○	○	○	○	
	2	○	○	○	○	
	3	○	○	○	○	
7) … kann Handlungen planen (z.B. einen Turm aus Holzklötzen bauen: Zuerst kommen die großen Steine, dann die kleinen), geht zielgerichtet vor.	1	○	○	○	○	
	2	○	○	○	○	
	3	○	○	○	○	
8) … kann sich einzelne Strophen aus Liedern oder Textstellen aus Gedichten gut merken.	1	○	○	○	○	
	2	○	○	○	○	
	3	○	○	○	○	
9) … kann sich an Personen oder an frühere Ereignisse erinnern (z.B. an Essens- oder Begrüßungsrituale oder an Ereignisse vom Tag zuvor).	1	○	○	○	○	
	2	○	○	○	○	
	3	○	○	○	○	

In diesem Bereich wurde beobachtet:	Daraus folgt für den pädagogischen Alltag:

Auswertungsschablone: MotorikPlus-U3-Version

Bildung der Summenwerte (Ein- bis Dreieinhalbjährige)

Koordination	Items	Summe Rohwert	T-Wert
1. Zeitpunkt	1:___, 2:___, 3:___, 4:___, 5:___, 6:___, 7:___, 8:___		
2. Zeitpunkt	1:___, 2:___, 3:___, 4:___, 5:___, 6:___, 7:___, 8:___		
3. Zeitpunkt	1:___, 2:___, 3:___, 4:___, 5:___, 6:___, 7:___, 8:___		

Kraft, Ausdauer	Items	Summe Rohwert	T-Wert
1. Zeitpunkt	1:___, 2:___, 3:___, 4:___, 5:___, 6:___		
2. Zeitpunkt	1:___, 2:___, 3:___, 4:___, 5:___, 6:___		
3. Zeitpunkt	1:___, 2:___, 3:___, 4:___, 5:___, 6:___		

Feinmotorik	Items	Summe Rohwert	T-Wert
1. Zeitpunkt	1:___, 2:___, 3:___, 4:___, 5:___, 6:___, 7:___		
2. Zeitpunkt	1:___, 2:___, 3:___, 4:___, 5:___, 6:___, 7:___		
3. Zeitpunkt	1:___, 2:___, 3:___, 4:___, 5:___, 6:___, 7:___		

Gleichgewicht	Items	Summe Rohwert	T-Wert
1. Zeitpunkt	1:___, 2:___, 3:___, 4:___, 5:___, 6:___		
2. Zeitpunkt	1:___, 2:___, 3:___, 4:___, 5:___, 6:___		
3. Zeitpunkt	1:___, 2:___, 3:___, 4:___, 5:___, 6:___		

Auswertungsschablone: MotorikPlus-U3-Version

Taktil-kinästhetische Wahrnehmung	Items	Summe Rohwert	T-Wert
1. Zeitpunkt	1:___, 2:___, 3:___, 4:___, 5:___, 6:___		
2. Zeitpunkt	1:___, 2:___, 3:___, 4:___, 5:___, 6:___		
3. Zeitpunkt	1:___, 2:___, 3:___, 4:___, 5:___, 6:___		

Visuelle Wahrnehmung	Items	Summe Rohwert	T-Wert
1. Zeitpunkt	1:___, 2:___, 3:___, 4:___, 5:___, 6:___		
2. Zeitpunkt	1:___, 2:___, 3:___, 4:___, 5:___, 6:___		
3. Zeitpunkt	1:___, 2:___, 3:___, 4:___, 5:___, 6:___		

Auditive Wahrnehmung	Items	Summe Rohwert	T-Wert
1. Zeitpunkt	1:___, 2:___, 3:___, 4:___, 5:___, 6:___		
2. Zeitpunkt	1:___, 2:___, 3:___, 4:___, 5:___, 6:___		
3. Zeitpunkt	1:___, 2:___, 3:___, 4:___, 5:___, 6:___		

Emotionale Kompetenzen	Items	Summe Rohwert	T-Wert
1. Zeitpunkt	1:___, 2:___, 3:___, 4:___, 5:___, 6:___, 7:___		
2. Zeitpunkt	1:___, 2:___, 3:___, 4:___, 5:___, 6:___, 7:___		
3. Zeitpunkt	1:___, 2:___, 3:___, 4:___, 5:___, 6:___, 7:___		

Auswertungsschablone: MotorikPlus-U3-Version

Soziale Kompetenzen	Items	Summe Rohwert	T-Wert
1. Zeitpunkt	1:___, 2:___, 3:___, 4:___, 5:___, 6:___, 7:___, 8:___		
2. Zeitpunkt	1:___, 2:___, 3:___, 4:___, 5:___, 6:___, 7:___, 8:___		
3. Zeitpunkt	1:___, 2:___, 3:___, 4:___, 5:___, 6:___, 7:___, 8:___		

Kognitive Kompetenzen	Items	Summe Rohwert	T-Wert
1. Zeitpunkt	1:___, 2:___, 3:___, 4:___, 5:___, 6:___, 7:___, 8:___, 9:___		
2. Zeitpunkt	1:___, 2:___, 3:___, 4:___, 5:___, 6:___, 7:___, 8:___, 9:___		
3. Zeitpunkt	1:___, 2:___, 3:___, 4:___, 5:___, 6:___, 7:___, 8:___, 9:___		

Entwicklungs- und Kompetenzprofil MotorikPlus-U3-Version

Name des Kindes: ____________________

Zeitpunkt der Beobachtung: ☐ 1. Zeitpunkt ☐ 2. Zeitpunkt ☐ 3. Zeitpunkt (durch unterschiedliche Farben kenntlich machen)

Kompetenz	**T-Werte (Prozentränge)**					
	<29 (<2%)	30–39 (<16%)	40–49 (<50%)	50–59 (<84%)	60–69 (<97%)	70> (<100%)
	Unterdurchschnittliche entwickelte Kompetenz (zusätzliche Unterstützung erwägen)		Durchschnittlich entwickelte Kompetenz		Überdurchschnittliche bis sehr gut entwickelte Kompetenz	
Koordination						
Kraft, Ausdauer						
Feinmotorik						
Gleichgewicht						
Taktil-kinästhetische Wahrnehmung						
Visuelle Wahrnehmung						
Auditive Wahrnehmung						
Emotionale Kompetenzen						
Soziale Kompetenzen						
Kognitive Kompetenzen						

Protokollbogen
MotorikPlus-Ü3-Version

MotorikPlus auf einen Blick:

Hinweise für die praktische Anwendung im Alltag

1. Was bedeutet „entwicklungs- und prozessbegleitende Beobachtung und Dokumentation"?

Bei **MotorikPlus** erfolgt die Beobachtung der motorischen, sensorischen, sozialen, emotionalen und kognitiven Kompetenzen nicht einmalig und punktuell (z.B. in Form eines Tests), sondern „begleitend" im pädagogischen Alltag – mit dem Ziel, den Verlauf der Entwicklung eines Kindes kontinuierlich zu dokumentieren. Daher sind pro Item (Beobachtungsaufgabe) drei Zeilen zum Ankreuzen (Zeitraum 1, 2, 3) vorgegeben, die drei aufeinanderfolgende Zeitpunkte der Beobachtung und Dokumentation markieren.

2. Warum wird die Sprachentwicklung nicht berücksichtigt?

MotorikPlus wurde in Ergänzung zu **BaSiK** (Zimmer 2014, 2015, 2019d), welches zur Beobachtung sprachlicher Kompetenzen konstruiert wurde, entwickelt. Somit dient **BaSiK** der detaillierten Dokumentation sprachlicher Kompetenzen.

3. Welcher Beobachtungszeitraum ist vorgesehen und wie oft muss ich mit MotorikPlus beobachten?

Die Grundlage der Dokumentation sollten unterschiedliche Beobachtungssituationen aus den letzten vier Wochen bilden. Dabei wird empfohlen, während der Beobachtung Beispielsituationen zu notieren. Um den Prozess der Entwicklung anhand von **MotorikPlus** begleiten und unterstützen zu können, sollte einmal jährlich beobachtet und dokumentiert werden. In besonderen Fällen (z.B. wenn Beeinträchtigungen in der Entwicklung erkannt wurden) ist eine mindestens halbjährliche Beobachtung ratsam. Bei jährlicher Beobachtung kann ein Bogen drei Jahre verwendet werden, da pro Item (Beobachtungsaufgabe) drei Zeilen zum Ankreuzen vorgegeben sind. Halbjährliche Beobachtungen können zudem mit unterschiedlichen Farben eingetragen werden.

4. Welchen Bogen verwende ich für welche Kinder?

Zur Beobachtung und Dokumentation stehen Ihnen zwei Versionen von **MotorikPlus** zur Verfügung. Je nach Alter des Kindes wird entweder die **MotorikPlus-U3-Version** oder die **MotorikPlus-Ü3-Version** verwendet:

- Kinder im Alter von 1;0–3;5 Jahren: **MotorikPlus-U3-Protokollbogen**
- Kinder im Alter von 3;0–6;11 Jahren: **MotorikPlus-Ü3-Protokollbogen**

Die Überschneidung der Altersbereiche wurde bewusst gewählt, da die Entwicklung der Kompetenzen individuell sehr unterschiedlich verläuft. Somit können dreijährige Kinder je nach individueller Entwicklung mit dem **MotorikPlus-U3-** oder dem **MotorikPlus-Ü3-Protokollbogen** ressourcenorientiert beobachtet werden.

5. Wie ist die Bewertungsskala aufgebaut?

Die Skala enthält insgesamt vier Stufen; sie beginnt mit „trifft voll und ganz zu" und endet mit „trifft noch nicht zu". Bitte beachten Sie hierbei, dass die Skala mit dem Maximum startet. Bei jeder Beobachtungsaufgabe wurde vorab überprüft, ob sie sich in vier Schritte zerlegen lässt. Eventuell erscheint Ihnen nicht bei jeder Beobachtungsaufgabe eine Abstufung in vier Schritte sinnvoll – hier kann die Beschreibung der Entwicklungs- und Kompetenzbereiche im Manual hilfreich sein (siehe Kapitel 2).

6. Was muss ich beachten, wenn ich entwicklungsbeeinträchtigte Kinder mit MotorikPlus beobachte?

Bei Kindern mit Entwicklungsbeeinträchtigungen können die vorgegebenen Altersgrenzen vernachlässigt werden. Je nach Beeinträchtigung können zudem bestimmte Bereiche ausgelassen werden.

7. Was kreuze ich an, wenn das Kind bereits über bestimmte Fähigkeiten verfügt?

In **MotorikPlus** wurde eine Beobachtungsskala von „1" (trifft noch nicht zu) bis „4" (trifft voll und ganz zu) gewählt. Manche Items erscheinen ab einem bestimmten Zeitpunkt wenig informativ, da die Kinder die geschilderte Kompetenz längst erworben bzw. schon weiterentwickelt haben (z.B. „Das Kind kann auf einem Bein stehen"). Für den Fall, dass eine quantitative Auswertung erfolgen soll, ist bei diesen Items eine „4" anzukreuzen. Ansonsten kann statt des Ankreuzens auch eine Notiz in dem freien Bereich für „Erläuterungen/Beispielsituationen o.Ä." eingetragen werden.

8. Wie werte ich MotorikPlus aus?

Es gibt zwei Möglichkeiten, **MotorikPlus** auszuwerten: Bei der **qualitativen Auswertung** steht der individuelle Erkenntnisgewinn für die spätere Bildung und Begleitung des Kindes im Vordergrund. Die Beobachtungsaufgaben werden einzeln betrachtet, wobei den Erläuterungen und Beispielsituationen in der rechten Spalte eine hohe Bedeutung zukommt. Es sollen sowohl die Ressourcen eines Kindes erkannt als auch mögliche Herausforderungen bzw. Entwicklungspotenziale aufgedeckt werden (siehe Kapitel 3 im Manual). Darauf aufbauend können Situationen und Anregungen abgeleitet werden, die natürliche Bewegungsanlässe des pädagogischen Alltags aufgreifen. Bei der **quantitativen Auswertung** steht die Erstellung eines Entwicklungs- und Kompetenzprofils, welches die Entwicklung des Kindes – im Vergleich zu vorangegangenen Beobachtungszeiträumen und zu gleichaltrigen Kindern – abbildet. Sie kann frühestens nach dem vollendeten zweiten Geburtstag des Kindes erfolgen. Hierzu können alle angekreuzten Zahlen in einem Bereich entweder direkt zusammengezählt oder zunächst auf der Auswertungsschablone eingetragen und dann addiert werden. In einem weiteren Schritt werden die zu diesen Summenwerten zugehörigen Norm- bzw. Orientierungswerte aus den im Anhang des Manuals zur Verfügung stehenden Tabellen ausgewählt (siehe Kapitel 5.2.2 im Manual). Abschließend können Norm- bzw. Orientierungswerte der Kompetenzbereiche in das Entwicklungs- und Kompetenzprofil, das sich am Ende des Protokollbogens befindet, eingetragen werden. Es wird empfohlen, alle Dokumentationszeiträume mit unterschiedlichen Farben einzutragen, sodass der individuelle Entwicklungsverlauf direkt ersichtlich wird.

9. Von der Beobachtung zur Bildung und Förderung

Neben der Beobachtung der motorischen, sensorischen, sozialen, emotionalen und kognitiven Kompetenzen soll **MotorikPlus** auch dazu beitragen, den Blick für die Möglichkeiten einer Unterstützung der Entwicklung von Kindern im Alltag zu schulen. Es kann sich hierbei zum einen um konkrete Spielideen handeln, zum anderen können auch alltägliche Bewegungsanlässe, in denen Kinder handeln, spielen, ihre Umwelt erkunden und sich körperlich betätigen, aufgegriffen werden. Beides kann der pädagogischen Fachkraft als Anregung für die praktische Arbeit dienen. Im Vordergrund sollten dabei die Ressourcen und Interessen des Kindes stehen. Anregungen dazu finden Sie in Kapitel 8 im Manual.

Fragen zum Kind

Vorname: ______________________________

Nachname: ______________________________

Geschlecht: ______________________________

	Jahr	Monat	Tag
Geburtsdatum			

Name der Einrichtung: ______________________________

Durchgeführt von: ______________________________

Beobachtungszeitraum	1. ________	2. ________	3. ________
Alter des Kindes			

Eintritt in die Kita mit _______; _______ (Angabe in Jahren, Monaten)

Wie viele Geschwister hat das Kind und welche Reihung liegt vor? (Ist das Kind z.B. das zweite von drei Kindern, das jüngste von vier Kindern?)

____

Erhält das Kind Unterstützung im Bereich Bewegung und Wahrnehmung?

O Physiotherapie/Ergotherapie O Frühförderung O Psychomotorische Förderung Seit: _____ Monaten O Nein

Andere Unterstützung: ______________________________

Befindet sich das Kind in einer weiteren therapeutischen Behandlung?

O Wenn ja, welche: ______________________________ Seit: _____ Monaten O Nein

Liegt eine medizinisch diagnostizierte Entwicklungsverzögerung oder Behinderung vor?

O Wenn ja, welche: ______________________________ O Nein

Nimmt das Kind an einem Bewegungsangebot außerhalb der Kita teil?

O Wenn ja, an welchem: ____________________ O Nein

Besucht das Kind einen Schwimmkurs?

O Ja O Nein

Kann das Kind schwimmen?

O Ja O Nein

Hat es das Seepferdchen?

O Ja O Nein

	Jahr	Monat
In welchem Alter hat das Kind die ersten freien Schritte gemacht?		

Notizen

Koordination

Das Kind …	Zeitraum	trifft voll und ganz zu 4	3	2	trifft noch nicht zu 1	Erläuterungen, Beispielsituationen o.Ä.
1) … kann sicher rückwärtsgehen (mindestens 5 Schritte; z.B. bei Bewegungsspielen, in denen zum Rückwärtsbewegen aufgefordert wird).	1	○	○	○	○	
	2	○	○	○	○	
	3	○	○	○	○	
2) … kann im Wechselschritt Treppen steigen (alternierend rechts und links).	1	○	○	○	○	
	2	○	○	○	○	
	3	○	○	○	○	
3) … kann sicher auf einem Roller fahren (auf einem Bein stehen, sich mit dem anderen abstoßen).	1	○	○	○	○	
	2	○	○	○	○	
	3	○	○	○	○	
4) … kann beim Laufen die Richtung schnell ändern (seitwärts, vor- und rückwärts, z.B. beim Ausweichen bei Fangspielen).	1	○	○	○	○	
	2	○	○	○	○	
	3	○	○	○	○	
5) … kann einen großen, leichten Ball mit beiden Händen auffangen (dabei ggf. unterstützend den Körper zur Hilfe nehmen).	1	○	○	○	○	
	2	○	○	○	○	
	3	○	○	○	○	
6) … kann einhändig mit einem kleinen Ball (z.B. Tennisball) ein Ziel treffen (Tor, Zielscheibe, Dose o.Ä.).	1	○	○	○	○	
	2	○	○	○	○	
	3	○	○	○	○	
7) …kann schaukeln (im Sitzen), den Anschwung beim Schaukeln verstärken und bremsen (holt z.B. Schwung, indem es Oberkörper und Beine entsprechend vorwärts und rückwärts bewegt).	1	○	○	○	○	
	2	○	○	○	○	
	3	○	○	○	○	
8) … kann den Hampelmannsprung ausführen (Arm- und Beinbewegungen koordinieren, rhythmisches Springen), schafft mindestens zwei Hampelmannsprünge.	1	○	○	○	○	
	2	○	○	○	○	
	3	○	○	○	○	

In diesem Bereich wurde beobachtet:	Daraus folgt für den pädagogischen Alltag:

Kraft, Ausdauer

Das Kind …	Zeitraum	trifft voll und ganz zu 4	3	2	trifft noch nicht zu 1	Erläuterungen, Beispielsituationen o.Ä.
1) … kann sich an eine Querstange (oder Reckstange) hängen und das eigene Körpergewicht kurz (ca. 3 Sekunden) halten.	1	○	○	○	○	
	2	○	○	○	○	
	3	○	○	○	○	
2) … kann von einer Mauer oder einem Kasten herunterspringen und sich auffangen (z.B. in der Hocke landen).	1	○	○	○	○	
	2	○	○	○	○	
	3	○	○	○	○	
3) … kann beidbeinig über einen Graben (über eine Pfütze oder eine Bodenplatte, mindestens 50 cm) springen.	1	○	○	○	○	
	2	○	○	○	○	
	3	○	○	○	○	
4) … kann einbeinig mehrere (mindestens 3) Sprünge hintereinander ausführen (z.B. auf dem Flur von Fliese zu Fliese springen).	1	○	○	○	○	
	2	○	○	○	○	
	3	○	○	○	○	
5) … kann bei Lauf- und Fangspielen ca. 5 Minuten durchhalten (es muss kein ununterbrochenes Laufen sein, das Kind kann sich am Fangspiel auch mit „Frei"-Regeln über 5 Minuten beteiligen und muss nicht nach kurzer Laufstrecke eine Pause einlegen).	1	○	○	○	○	
	2	○	○	○	○	
	3	○	○	○	○	
6) … kann einen Ball über eine Entfernung von ca. 4 Metern werfen oder mit dem Fuß schießen.	1	○	○	○	○	
	2	○	○	○	○	
	3	○	○	○	○	

In diesem Bereich wurde beobachtet:	Daraus folgt für den pädagogischen Alltag:

Feinmotorik

Das Kind …	Zeitraum	trifft voll und ganz zu 4	3	2	trifft noch nicht zu 1	Erläuterungen, Beispielsituationen o.Ä.
1) … kann Wasser aus einer kleinen Flasche oder aus einem Kännchen in einen Becher gießen, ohne dass das Wasser überläuft (z.B. beim Tischdecken bzw. gemeinsamen Essen).	1	○	○	○	○	
	2	○	○	○	○	
	3	○	○	○	○	
2) … kann mit einer Schere schneiden (z.B. eine Vorlage oder ein selbst gemaltes Objekt ungefähr entlang der Linien ausschneiden).	1	○	○	○	○	
	2	○	○	○	○	
	3	○	○	○	○	
3) … kann einen Stift so halten, dass es malen/schreiben kann (z.B. im Dreipunktgriff).	1	○	○	○	○	
	2	○	○	○	○	
	3	○	○	○	○	
4) … kann Knöpfe öffnen und schließen (z.B. an der eigenen Kleidung oder beim Anziehen einer Puppe).	1	○	○	○	○	
	2	○	○	○	○	
	3	○	○	○	○	
5) … kann einen Reißverschluss öffnen und schließen (z.B. an der eigenen Kleidung, an einer Tasche, einem Portemonnaie).	1	○	○	○	○	
	2	○	○	○	○	
	3	○	○	○	○	
6) … kann eine Schleife binden (z.B. Schnürsenkel an den Schuhen oder mit einem Seil).	1	○	○	○	○	
	2	○	○	○	○	
	3	○	○	○	○	
7) … kann Perlen präzise einfädeln.	1	○	○	○	○	
	2	○	○	○	○	
	3	○	○	○	○	
8) … kann eine Vorlage ausmalen und zeichnet dabei nicht über die Linien.	1	○	○	○	○	
	2	○	○	○	○	
	3	○	○	○	○	

In diesem Bereich wurde beobachtet:	Daraus folgt für den pädagogischen Alltag:

Gleichgewicht (vestibuläre Wahrnehmung)

Das Kind …	Zeitraum	trifft voll und ganz zu 4	3	2	trifft noch nicht zu 1	Erläuterungen, Beispielsituationen o.Ä.
1) … kann ca. 3 Sekunden auf einem Bein stehen (frei, ohne sich festzuhalten; z.B. bei Bewegungsspielen oder beim Anziehen).	1	○	○	○	○	
	2	○	○	○	○	
	3	○	○	○	○	
2) … kann sicher über eine auf dem Boden aufgezeichnete Linie gehen und dabei die Richtung beibehalten.	1	○	○	○	○	
	2	○	○	○	○	
	3	○	○	○	○	
3) … kann auf unebenem Untergrund gehen (z.B. auf unebener Wiese, auf einer weichen Matte oder Matratze).	1	○	○	○	○	
	2	○	○	○	○	
	3	○	○	○	○	
4) … kann über eine breite Bank (z.B. im Bewegungsraum) oder über eine Mauer balancieren.	1	○	○	○	○	
	2	○	○	○	○	
	3	○	○	○	○	
5) … kann sich im Stehen um die eigene Körperachse drehen („Karussell“, eine Pirouette ausführen).	1	○	○	○	○	
	2	○	○	○	○	
	3	○	○	○	○	
6) … kann nach einem Sprung über ein Hindernis (z.B. ein am Boden liegendes Seil oder eine Teppichfliese) stehen bleiben.	1	○	○	○	○	
	2	○	○	○	○	
	3	○	○	○	○	
7) … kann einen Gegenstand auf dem Handteller balancieren (z.B. beim Tischdecken ein Holzbrettchen oder einen Plastikteller).	1	○	○	○	○	
	2	○	○	○	○	
	3	○	○	○	○	

In diesem Bereich wurde beobachtet:	Daraus folgt für den pädagogischen Alltag:

Taktil-kinästhetische Wahrnehmung

Das Kind …	Zeitraum	trifft voll und ganz zu 4	3	2	trifft noch nicht zu 1	Erläuterungen, Beispielsituationen o.Ä.
1) … kann Oberflächen unterscheiden (z.B. rau, glatt, bei Stoff oder bei verschiedenen Materialien wie Holz und Fliesen).	1	O	O	O	O	
	2	O	O	O	O	
	3	O	O	O	O	
2) … kann Gewichte unterscheiden und z.B. von leicht bis schwer sortieren (etwa beim Kochen: Zutaten mit den Händen „abwiegen").	1	O	O	O	O	
	2	O	O	O	O	
	3	O	O	O	O	
3) … kann sich unter Hindernissen hindurchwinden, ohne sie zu berühren (z.B. im Bewegungsparcours, beim Verstecken unter niedrigen Stühlen).	1	O	O	O	O	
	2	O	O	O	O	
	3	O	O	O	O	
4) … kann seine Muskulatur willentlich anspannen und entspannen (z.B. bei Entspannungsspielen).	1	O	O	O	O	
	2	O	O	O	O	
	3	O	O	O	O	
5) … kann seine Körperkraft dosiert einsetzen (z.B. beim Fangenspielen, kann „Anstupsen" von „Hauen" unterscheiden).	1	O	O	O	O	
	2	O	O	O	O	
	3	O	O	O	O	
6) … kann beim Malen den Druck auf den Stift angemessen dosieren.	1	O	O	O	O	
	2	O	O	O	O	
	3	O	O	O	O	

In diesem Bereich wurde beobachtet:	Daraus folgt für den pädagogischen Alltag:

Visuelle Wahrnehmung

Das Kind …	Zeitraum	trifft voll und ganz zu 4	3	2	trifft noch nicht zu 1	Erläuterungen, Beispielsituationen o.Ä.
1) … kann Formen und Farben erkennen (z.B. Rechtecke, Quadrate einer Vorlage zuordnen).	1	O	O	O	O	
	2	O	O	O	O	
	3	O	O	O	O	
2) … kann bei einem Puzzle die passenden Teile finden (ca. 16 bis 24 Teile).	1	O	O	O	O	
	2	O	O	O	O	
	3	O	O	O	O	
3) … kann sich Gegenstände oder Verstecke im Raum merken (weiß z.B. wo bestimmte Dinge zu finden sind).	1	O	O	O	O	
	2	O	O	O	O	
	3	O	O	O	O	
4) … kann Muster erkennen und Gegenstände danach ordnen (z.B. Bauklötze in unterschiedlichen Längen anordnen).	1	O	O	O	O	
	2	O	O	O	O	
	3	O	O	O	O	
5) … kann ein Muster mit Knöpfen oder Bausteinen nachlegen (erkennt, ob ein Gegenstand vor oder hinter einem anderen liegt).	1	O	O	O	O	
	2	O	O	O	O	
	3	O	O	O	O	
6) … kann einen Luftballon mit der Hand in der Luft treffen.	1	O	O	O	O	
	2	O	O	O	O	
	3	O	O	O	O	

In diesem Bereich wurde beobachtet:	Daraus folgt für den pädagogischen Alltag:

Auditive Wahrnehmung

Das Kind …	Zeitraum	trifft voll und ganz zu 4	3	2	trifft noch nicht zu 1	Erläuterungen, Beispielsituationen o.Ä.
1) … kann Geräusche erkennen und sie bestimmten Gegenständen zuordnen (z.B. Telefon, Türklingel).	1	○	○	○	○	
	2	○	○	○	○	
	3	○	○	○	○	
2) … kann ein Geräusch lokalisieren/hören, aus welcher Richtung es kommt (z.B. schaut zur Tür, wenn geklopft wird).	1	○	○	○	○	
	2	○	○	○	○	
	3	○	○	○	○	
3) …kann auf akustische Signale reagieren (z.B. bei Spielen wie „Feuer, Wasser, Sturm“).	1	○	○	○	○	
	2	○	○	○	○	
	3	○	○	○	○	
4) … kann eine bestimmte Geräuschquelle aus Nebengeräuschen heraushören (z.B. ein Signal, welches das Ende eines Spiels einläutet).	1	○	○	○	○	
	2	○	○	○	○	
	3	○	○	○	○	
5) … kann sich eine Melodie merken und nachsummen.	1	○	○	○	○	
	2	○	○	○	○	
	3	○	○	○	○	
6) … kann sich anhaltend auf Gehörtes konzentrieren (z. B. einem Reim oder einer Geschichte folgen, ohne dabei schnell abgelenkt zu sein).	1	○	○	○	○	
	2	○	○	○	○	
	3	○	○	○	○	

In diesem Bereich wurde beobachtet:	Daraus folgt für den pädagogischen Alltag:

Emotionale Kompetenzen

Das Kind …	Zeitraum	trifft voll und ganz zu 4	3	2	trifft noch nicht zu 1	Erläuterungen, Beispielsituationen o.Ä.
1) … hat Freude an Spiel und Bewegung, bewegt sich gerne (geht z.B. gerne nach draußen oder in den Bewegungsraum).	1	O	O	O	O	
	2	O	O	O	O	
	3	O	O	O	O	
2) … ist aktiv und zeigt Initiative (macht z.B. Spielvorschläge in der Gruppe, hat Ideen beim Erproben von Spielmaterialien).	1	O	O	O	O	
	2	O	O	O	O	
	3	O	O	O	O	
3) … wagt sich auch an schwierige/neue Aufgaben heran (z.B. beim Klettern auf eine Leiter am Klettergerüst oder beim Springen mit einem Seil).	1	O	O	O	O	
	2	O	O	O	O	
	3	O	O	O	O	
4) … bleibt auch bei einem Misserfolg zuversichtlich (gibt nicht sofort auf, wenn es ihm z.B. nicht alleine gelingt, auf den Kasten zu klettern oder einen Turm zu bauen).	1	O	O	O	O	
	2	O	O	O	O	
	3	O	O	O	O	
5) … kann sich in die Situation anderer hineinversetzen, handelt empathisch (mitfühlend, kann die Gefühle anderer verstehen).	1	O	O	O	O	
	2	O	O	O	O	
	3	O	O	O	O	
6) … kann die eigenen Bedürfnisse eine angemessene Zeit lang aufschieben (z.B. beim Mittagessen, wenn alle gemeinsam beginnen sollen).	1	O	O	O	O	
	2	O	O	O	O	
	3	O	O	O	O	
7) … kann eigene Grenzen setzen, wenn etwas passiert, was es nicht mag (sagt z.B.: „Hör auf“, „Lass das“).	1	O	O	O	O	
	2	O	O	O	O	
	3	O	O	O	O	
8) … kann mit den eigenen Gefühlen umgehen, kann sie regulieren (z.B. sich bei Aufregung schnell wieder beruhigen, Ärger angemessen ausdrücken).	1	O	O	O	O	
	2	O	O	O	O	
	3	O	O	O	O	

In diesem Bereich wurde beobachtet:	Daraus folgt für den pädagogischen Alltag:

Soziale Kompetenzen

Das Kind …	Zeitraum	trifft voll und ganz zu 4	3	2	trifft noch nicht zu 1	Erläuterungen, Beispielsituationen o.Ä.
1) … kann warten, bis es an der Reihe ist (z B. in Gruppengesprächen, beim Essen oder beim Rutschen).	1	○	○	○	○	
	2	○	○	○	○	
	3	○	○	○	○	
2) … wird bei Konflikten mit anderen Kindern nicht handgreiflich (kann sich z.B. verbal wehren oder findet andere Möglichkeiten zur Lösung des Konfliktes).	1	○	○	○	○	
	2	○	○	○	○	
	3	○	○	○	○	
3) … ist anderen gegenüber hilfsbereit (hilft anderen Kindern, teilt sein Spielzeug).	1	○	○	○	○	
	2	○	○	○	○	
	3	○	○	○	○	
4) … findet leicht Kontakt zu anderen, ist aufgeschlossen (spricht z.B. andere an, ob es mitspielen kann).	1	○	○	○	○	
	2	○	○	○	○	
	3	○	○	○	○	
5) … kann sich in die Gruppe einordnen, kooperiert mit anderen, kann Vorschläge anderer annehmen.	1	○	○	○	○	
	2	○	○	○	○	
	3	○	○	○	○	
6) … hält sich an Regeln und Vereinbarungen (im Alltag oder bei einem Spiel).	1	○	○	○	○	
	2	○	○	○	○	
	3	○	○	○	○	
7) … geht auf die Spielideen anderer Kinder ein (z.B. bei Spielvariationen), ist zu Kompromissen bereit.	1	○	○	○	○	
	2	○	○	○	○	
	3	○	○	○	○	
8) …kann sich im Spiel auf verschiedene Rollen einlassen (Verkäufer, Feuerwehrmann etc.), ist nicht auf eine Rolle fixiert.	1	○	○	○	○	
	2	○	○	○	○	
	3	○	○	○	○	

In diesem Bereich wurde beobachtet:	Daraus folgt für den pädagogischen Alltag:

Kognitive Kompetenzen

Das Kind …	Zeitraum	trifft voll und ganz zu 4	3	2	trifft noch nicht zu 1	Erläuterungen, Beispielsituationen o.Ä.
1) … kann sich eine Zeit lang gut konzentrieren und aufmerksam sein (z.B. beim Zuhören/Erzählen von Geschichten, im Spiel).	1	○	○	○	○	
	2	○	○	○	○	
	3	○	○	○	○	
2) … ist wissbegierig und interessiert (auch bei neuen, unbekannten Aufgaben, fragt nach).	1	○	○	○	○	
	2	○	○	○	○	
	3	○	○	○	○	
3) … findet Strategien zur Lösung eines Problems (wenn sich z.B. zwei Kinder um ein Spielgerät streiten).	1	○	○	○	○	
	2	○	○	○	○	
	3	○	○	○	○	
4) … hat eigene Spielideen (variiert bestehende Spiele oder denkt sich selbst Spiele aus).	1	○	○	○	○	
	2	○	○	○	○	
	3	○	○	○	○	
5) … kann Dinge nach Farben, Formen oder Größen ordnen und sortieren (erkennt Muster, die sich z.B. auf einem Bild wiederholen).	1	○	○	○	○	
	2	○	○	○	○	
	3	○	○	○	○	
6) … kann Gegenstände oder Lebewesen nach bestimmten Dimensionen zuordnen (alle Bälle sind rund oder alle Vögel können fliegen, haben zwei Beine oder Flügel).	1	○	○	○	○	
	2	○	○	○	○	
	3	○	○	○	○	
7) … versteht Spielregeln (z.B. bei Fangspielen), kann sie bei Bedarf anpassen (wenn z.B. jüngere Kinder mitspielen).	1	○	○	○	○	
	2	○	○	○	○	
	3	○	○	○	○	
8) … kann Handlungen planen (Was müssen wir zuerst tun, wenn wir eine Höhle bauen wollen?), geht zielgerichtet vor.	1	○	○	○	○	
	2	○	○	○	○	
	3	○	○	○	○	
9) … kann sich einzelne Strophen aus Liedern oder Textstellen aus Gedichten gut merken.	1	○	○	○	○	
	2	○	○	○	○	
	3	○	○	○	○	

In diesem Bereich wurde beobachtet:	Daraus folgt für den pädagogischen Alltag:

Auswertungsschablone: MotorikPlus-Ü3-Version

Bildung der Summenwerte (Drei- bis Sechsjährige)

Koordination	Items	Summe Rohwert	T-Wert
1. Zeitpunkt	1:___, 2:___, 3:___, 4:___, 5:___, 6:___, 7:___, 8:___		
2. Zeitpunkt	1:___, 2:___, 3:___, 4:___, 5:___, 6:___, 7:___, 8:___		
3. Zeitpunkt	1:___, 2:___, 3:___, 4:___, 5:___, 6:___, 7:___, 8:___		

Kraft, Ausdauer	Items	Summe Rohwert	T-Wert
1. Zeitpunkt	1:___, 2:___, 3:___, 4:___, 5:___, 6:___		
2. Zeitpunkt	1:___, 2:___, 3:___, 4:___, 5:___, 6:___		
3. Zeitpunkt	1:___, 2:___, 3:___, 4:___, 5:___, 6:___		

Feinmotorik	Items	Summe Rohwert	T-Wert
1. Zeitpunkt	1:___, 2:___, 3:___, 4:___, 5:___, 6:___, 7:___, 8:___		
2. Zeitpunkt	1:___, 2:___, 3:___, 4:___, 5:___, 6:___, 7:___, 8:___		
3. Zeitpunkt	1:___, 2:___, 3:___, 4:___, 5:___, 6:___, 7:___, 8:___		

Gleichgewicht	Items	Summe Rohwert	T-Wert
1. Zeitpunkt	1:___, 2:___, 3:___, 4:___, 5:___, 6:___, 7:___		
2. Zeitpunkt	1:___, 2:___, 3:___, 4:___, 5:___, 6:___, 7:___		
3. Zeitpunkt	1:___, 2:___, 3:___, 4:___, 5:___, 6:___, 7:___		

Auswertungsschablone: MotorikPlus-Ü3-Version

Taktil-kinästhetische Wahrnehmung	Items	Summe Rohwert	T-Wert
1. Zeitpunkt	1:___, 2:___, 3:___, 4:___, 5:___, 6:___		
2. Zeitpunkt	1:___, 2:___, 3:___, 4:___, 5:___, 6:___		
3. Zeitpunkt	1:___, 2:___, 3:___, 4:___, 5:___, 6:___		

Visuelle Wahrnehmung	Items	Summe Rohwert	T-Wert
1. Zeitpunkt	1:___, 2:___, 3:___, 4:___, 5:___, 6:___		
2. Zeitpunkt	1:___, 2:___, 3:___, 4:___, 5:___, 6:___		
3. Zeitpunkt	1:___, 2:___, 3:___, 4:___, 5:___, 6:___		

Auditive Wahrnehmung	Items	Summe Rohwert	T-Wert
1. Zeitpunkt	1:___, 2:___, 3:___, 4:___, 5:___, 6:___		
2. Zeitpunkt	1:___, 2:___, 3:___, 4:___, 5:___, 6:___		
3. Zeitpunkt	1:___, 2:___, 3:___, 4:___, 5:___, 6:___		

Emotionale Kompetenzen	Items	Summe Rohwert	T-Wert
1. Zeitpunkt	1:___, 2:___, 3:___, 4:___, 5:___, 6:___, 7:___, 8:___		
2. Zeitpunkt	1:___, 2:___, 3:___, 4:___, 5:___, 6:___, 7:___, 8:___		
3. Zeitpunkt	1:___, 2:___, 3:___, 4:___, 5:___, 6:___, 7:___, 8:___		

Auswertungsschablone: MotorikPlus-Ü3-Version

Soziale Kompetenzen	Items	Summe Rohwert	T-Wert
1. Zeitpunkt	1:___, 2:___, 3:___, 4:___, 5:___, 6:___, 7:___, 8:___		
2. Zeitpunkt	1:___, 2:___, 3:___, 4:___, 5:___, 6:___, 7:___, 8:___		
3. Zeitpunkt	1:___, 2:___, 3:___, 4:___, 5:___, 6:___, 7:___, 8:___		

Kognitive Kompetenzen	Items	Summe Rohwert	T-Wert
1. Zeitpunkt	1:___, 2:___, 3:___, 4:___, 5:___, 6:___, 7:___, 8:___, 9:___		
2. Zeitpunkt	1:___, 2:___, 3:___, 4:___, 5:___, 6:___, 7:___, 8:___, 9:___		
3. Zeitpunkt	1:___, 2:___, 3:___, 4:___, 5:___, 6:___, 7:___, 8:___, 9:___		

Entwicklungs- und Kompetenzprofil MotorikPlus-Ü3-Version

Name des Kindes: ____________________

Zeitpunkt der Beobachtung: ☐ 1. Zeitpunkt ☐ 2. Zeitpunkt ☐ 3. Zeitpunkt (durch unterschiedliche Farben kenntlich machen)

Kompetenz	**T-Werte (Prozentränge)**					
	<29 (<2%)	30–39 (<16%)	40–49 (<50%)	50–59 (<84%)	60–69 (<97%)	70> (<100%)
	Unterdurchschnittliche entwickelte Kompetenz (zusätzliche Unterstützung erwägen)		Durchschnittlich entwickelte Kompetenz		Überdurchschnittliche bis sehr gut entwickelte Kompetenz	
Koordination						
Kraft, Ausdauer						
Feinmotorik						
Gleichgewicht						
Taktil-kinästhetische Wahrnehmung						
Visuelle Wahrnehmung						
Auditive Wahrnehmung						
Emotionale Kompetenzen						
Soziale Kompetenzen						
Kognitive Kompetenzen						